Anonymous

Leben und Ende des berüchtigten Anführers einer Wildschützerbande

Mathias Klostermayrs

Anonymous

Leben und Ende des berüchtigten Anführers einer Wildschützerbande Mathias Klostermayrs

ISBN/EAN: 9783743619104

Hergestellt in Europa, USA, Kanada, Australien, Japan

Cover: Foto ©Andreas Hilbeck / pixelio.de

Manufactured and distributed by brebook publishing software (www.brebook.com)

Anonymous

Leben und Ende des berüchtigten Anführers einer Wildschützerbande

Mathias Klostermayrs

Leben und Ende

des berüchtigten

Anführers

einer

Wildschützenbande,

Mathias Klostermayrs,

oder

des sogenannten

Bayerischen Hiesels,

aus

gerichtlichen Urkunden gezogen,

und

mit genau nach den Umständen jeder Begebenheit
gezeichneten Kupfern gezieret.

Augspurg, Frankfurt und Leipzig,
bey Jakob Andreas Friedrich. 1772.

Vorrede.

Man hat keinen Mangel an Diebs- und Räubergeschichten: und wenn man gegenwärtige von dem sogenannten Bayrischen Hiesel überhaupt ansehen und unter dieselbe rechnen wollte, so könnte vielleicht die Ausgabe derselben überflüßig

X

schei-

ſcheinen. Allein, wenn man
ſich die Mühe nimmt, folgende
Blätter durchzugehen, ſo wird
es ſich bald zeigen, daß er un=
ter die Sorte gewöhnlicher Die=
be und Räuber nicht gehöre,
und auch unter den gemeinen
Wildſchützen ſelber, ſo wie ſie in
verſchiedenen Ländern bekannt
ſind, eine beſondere Figur ma=
che. Denn von der erſten Art,
der Diebe und Räuber nämlich,
unterſcheidet er ſich hierinne,
daß ſein und ſeines Anhanges
einziges Dichten und Trachten
nicht eben, wie anderer gemei=
nen

nen Diebe, auf Diebſtähle und
gewaltſame Einbrüche hauptſächlich gegangen. Die Straßenrau-
be aber, die ihm zur Laſt gelegt
worden, hat er nicht in dieſer Meynung begangen, ſondern ſie als eine gewiſſe Art
Beute, die er quaſi jure belli
ſeinen Todfeinden in offner
Schlacht abgenommen, angeſehen
wiſſen wollen. Von der andern
Gattung gemeiner Wilddiebe
aber gehet er darinnen auf eine
ſehr merkliche Art ab, daß er
nicht, wie dieſelbe, ſeine verbot-
tene Nahrung verſtohlen, furcht-

ſam

ſam und im Kleinen getrieben; ſondern daß er ſeinen Frevel auf eine bisher unerhörte Art öffentlich mit dem größten Trotze geübet, und ſich mehr mit Drohungen der Gegengewalt und wirklicher Gewaltthätigkeit gegen die ihm gemachte Nachſtellungen vertheidiget, als ſeine Sicherheit, wie andere Miſſethäter pflegen, im Verbergen, Fliehen und heimlichen Griffen geſuchet. Man weiß in unſerer Gegend zur Genüge, wie frech er ſich an öffentlichen Orten gezeiget, wie man auf das Gerücht

ſeines

seines Daseyns haufenweis zuge-
gangen und zugefahren, um diesen Trotzer einer ganzen Landschaft zu beschauen und zu bewun-
dern. Mithin glaubt man nicht
unrecht gethan zu haben, die Le-
bens- und Todes-Umstände dieses auf eine zwar unrühmliche
Art berühmten Menschen der
Welt vor Augen zu legen, wenn
es auch zu weiter nichts dienen
sollte, als daraus zu ersehen,
was vor wunderbare Charaktere
und Geister sogar in den Bauer-
hütten erzeuget und gebohren
werden. Wie weit er es mit sei-

ner

ner Rotte getrieben, und wie
lange er sich, aller auf ihn gemachten Anstalten ungeachtet,
erhalten, werden folgende Blätter mit mehrerem zeigen: übrigens aber ist es gewiß, daß große
Revolutionen und Staatsver-
änderungen oft keinen wichti-
gern Anfang gehabt
haben.

Die zeitliche Wohlfahrt der
Menschen hänget grösten-
theils von der Wahl ih-
rer Lebensart ab. Diese
Wahl aber stehet in der Willkühr der wenigsten.
Die meisten werden schon von ihrer Geburt,
den Umständen ihrer Eltern oder einem zufäl-
ligen Geschicke zu einer gewissen Lebensform
bestimmet. Und nur sehr wenige haben
das Vermögen, sich eine eigene nach ihrem
Sinne zu wählen, noch viel wenigere aber das
Glück, wenn sie sich eine selbst erwählet, darinnen wohl fortzukommen: massen die Hinder-
nisse, die sie auf dieser wider ihre Geburts-
umstände laufenden Bahn antreffen, meistentheils so häufig und so groß sind, daß sie die-
selben nicht überwinden können, sondern un-

schla-

schlagen, von einem Uebel in das andere ver,
fallen, und zuleßt in die betrübteste Ausschwei:
fungen gerathen; da denn der Schluß gemei:
niglich durch die Gerechtigkeit, und nicht sel:
ten durch den Henker gemacht werden muß.

Von dieser Wahrheit giebt der in un:
sern Tagen so berüchtigte Bayrische Hiesel
ein lebhaftes Beyspiel ab, der sich ebenfalls
seinen Stand übersteigende Gedanken in den
Kopf geseßet, eine Freyheit, die für ihn zu
groß war, geliebet, und sich von seinen nicht eben
schlechten natürlichen Gaben verleiten, aber auch
dadurch zu Grunde richten lassen; da er sonsten
entweder als Bauer oder als Soldat, in einem
von diesen zween Ständen, wozu ihn seine Ge:
burt bestimmet, vielleicht ein mäßig Glück ma:
chen, und seine Lebensjahre wenigstens mit ei:
nem weniger erschrecklichen Ende hätte beschließ:
sen können.

Er ward im Jahr 1738. zu Küßing, ei:
ner den Jesuitervätern zuständigen Hofmark,
in dem Landgericht Friedberg in Bayern, ge:
bohren. Sein Vater, dessen Haus man nach
alter Baurengewohnheit zum Brentan hieß,
(wovon auch er, Hiesel, diesen Beynahmen er:
halten,) war ein armer Hirte, und gab die:
sem seinem Sohne und noch einer Tochter eine
Erziehung, so gut es seine dürftige Umstände
verstatte:

verftatteten; indem er ihn sowohl zur Schule,
als auch zu Hause zur Arbeit, welche gröstentheils im Spinnen beftund, fleißig anhielt.
Mit herannahenden Jahren gieng er auch seinem Vater in seinem Hirtenamte an die Hand,
und blieb bey diesem bis in sein sechzehndes
Jahr, wo er, ausser denen der Jugend gewöhnlichen Leichtsinnigkeiten, gar kein böses
Gemüthe, sondern allen Gehorsam gegen seine
Eltern und Willigkeit in seiner Aufführung be-
wies.

Mit Eintritt in das siebenzehnde Jahr
seines Alters begab er sich aus dem Hause seines Vaters, und trat zu Mergenthau, einem
ebenfalls den Jesuitervätern zuständigen Schlos-
se, in Dienste, wo er sich zwey Jahre ohne
Klagen seiner Herrschaft befand, und ausser einer etwas freyen Lebensart sonst gar keinen An-
schein eines bösen Gemüthes von sich blicken
ließ.

Nach Verfluß dieser Zeit gieng Hiesel
aus diesen Diensten, und begab sich zurücke in
sein väterliches Dorf nach Küßing, wo er sich
bey einem Bauern vor Knecht vermiethete. Auch
da erschienen noch keine Spuren einer Verderb-
niß der Sitten, wohl aber eines muntern und
aufgeweckten Naturells; vermög welchem, nach
seinem eigenen Geständnße, sich allgemach ei-

A 3　　　　　　　ne

ne Neigung zum Wildschießen bey ihm einzuschleichen begunnte, der er auch, wiewohl allezeit in Begleitung des dortigen Jägers, nachhängte, und sich unvermerkt eine ziemliche Fertigkeit und Gewißheit im Schießen erwarb. Inzwischen konnte es doch nicht fehlen, daß er nicht manchmal auch alleine die Wildbahnen betreten, und sich etwas vor sich selber geschossen; welches seine schlimme Neigung nach und nach stärkte, der Unterschleif aber, den er mit seinem geschossenen Wildprät nur gar zu häufig fand, und der ihm daraus entspringende Nußen dieselbe noch mehr von Zeit zu Zeit anfeuerte.

Diesem seinem so angenehmen Wesen hieng Hiesel, so lange sein Aufenthalt in Küßing, in die fünf Jahre nemlich, dauerte, in aller Stille und Zufriedenheit nach; nach deren Ablauf er einen andern Auftritt seines Lebens zu machen hatte.

Es wurden in Bayern, und besonders in dem Landgericht Friedberg Auswahlen gemacht; da denn die zu den Waffen taugliche Baurenjugend loosen mußte; und die das Loos traf, wurden unter die Miliß genommen. Man kann sich leicht einbilden, daß Hiesel dabey nicht übergangen worden. Er wurde auch verschiedenemale gefordert, und mußte mitspielen.

len. Das gute Glück aber half ihm aus den Nöthen, und erledigte ihn eilfmal hintereinander. Endlich aber konnte ihm das günstige Glück selber nicht mehr helfen. Denn er wurde im 1761. Jahre, ohne erst zum Loos gezogen zu werden, von einer Werbung weggenommen.

Einem solchen unannehmlichen Verfahren setzte sich Hiesel nun zwar mit allen Kräften seiner Beredsamkeit entgegen; allein da er merkte, daß er nur tauben Ohren sang, so nahm er seine Zuflucht zur List, die ihn auch vor dießmal glücklich rettete. Er nahm ein aufgeräumtes Wesen an, und stellte sich, als ob ihm nichts mehr darum wäre, stiftete auch mit den Werbern eine genaue Vertraulichkeit, bis er sie ganz kirre machte, indem er sich willig nach Friedberg bringen ließ, und daselbst unter die übrigen Neugeworbenen gestoßen wurde. Allein er lauerte nur auf einen bequemen Zeitpunkt zur Flucht, der ihm auch gar bald erschien. Denn er bediente sich der Unachtsamkeit der bey dem Trunke etwas gar zu gutherzigen Werber, entwischte durch ein Stadtthor, und machte sich gerades Weges auf Appertshausen, ein jenseit des Lechflusses gelegenes Dorf in Schwaben, zu, wo er Sicherheit zu haben sich nicht unrecht schmeichelte. Allein

A 4

lein die Werber wurden seine Flucht nicht so
bald gewahr, als ihm sofort einige Husaren
nachgeschickt wurden, die ihn auch erreichten,
und im Begriffe waren, ihm den Paß über
die Lechbrücke abzuschneiden. Da hatte Hiesel
nun einen kurzen Schluß zu fassen. Er faßte
auch einen aus dem Stegreif, und setzte mit
Schwimmen durch den sonst wegen seiner Un-
tiefen und verborgenen Gründe sehr gefährlichen Lech, und kam glücklich auf das jenseiti-
ge Ufer, von da er sodann durch verschiedene
Abwege endlich wohlbehalten zu Appertshausen
anlangte.

So wohl die ungemeine Beschwerden,
die er auf dieser eilfertigen Flucht aus-
zustehen hatte, als auch die beständige Furcht dabey, alle Augenblicke von den
nacheilenden Soldaten eingeholt zu werden,
hatten ihn bey diesem Abentheuer so mitgenom-
men, daß er gleich bey seiner Ankunft in Appertshausen in eine schwere Krankheit fiel, die
um so viel gefährlicher war, weil sein ganzes
damaliges Vermögen in mehr nicht als sieben
Kreuzern bestund. Er sah also kein anderes
Mittel vor sich, als sich der Barmherzigkeit
seines Wirthes, der ihn gleich anfangs beher-
berget, zu überlassen; und dieser verpflegte ihn
auch in die drey Wochen unentgeltlich, bis sich
endlich

enblich die Krankheit ohne Arzt und Apothecker
selber hob, und Hiesel wieder zu Kräften
kam.

Während dieses seines Lagers gerieth
er in Bekanntschaft mit einem beschrieenen
Wildschützen, Xaverius Bobinger, oder dem
sogenannten Kretzenbuben, der seit vielen Jahren schon die Wälder durchstrichen, und ein
sehr berufener Buschklopfer war. Die Noth
eines Theils, und andern Theils seine eigene noch nicht erloschene Neigung zum ver-
botenen Jagen vermochte alsobald Hieseln, bey
diesem würdigen Lehrmeister sich in die Lehre
und Dienste zu begeben. Seine Verrichtung
während dieses Lehrdienstes war meistentheils
Treiben, Wildprättragen und andere dergleichen geringe Verrichtungen, deren Hiesels höher fliegender Geist bald und um so mehr über-
drüssig wurde, da sein Herr etwas geizig war,
und ihm seine Aufwartung allzu schlecht be-
zahlte. Hiesel baute also mit diesem ab, und
suchte sich eine andere Bekanntschaft, die ihm
ersprießlicher seyn möchte, indem er in einer Gesellschaft sich einverleibte, die nach democratischer
Art regiert wurde, und das erlegte Wildprät in
gleiche Theile unter sich theilte. Mit dieser
löblichen Gesellschaft durchstreifte Hiesel die
meiste Waldungen von Schwaben und Bayern

A 5　　　　mit

mit ungemeiner Vermeſſenheit und vielem Glücke bis auf das 1765. Jahr, da ihm einer ſeiner Spießgeſellen untreu geworden, und ihn
auch wirklich zu Landsberg verrathen; da er
denn nebſt noch einem ſeines Schlages durch
die ſtreifende Soldaten auf dem Lechfeld aufgehoben, und anfänglich zu Landsberg in die
Frohnfeſte gebracht, hernachmals aber zu einer dreyvierteljährigen Zuchthausſtrafe nacher
München abgeführet worden.

Dieſer Zeit ſeiner Züchtigung, welche er
zu ſeiner Beſſerung hätte anwenden ſollen, bediente er ſich, auf Mittel zu ſinnen, ſeine neue
Profeſſion der Wilddieberey auf einen höhern
Grad zu bringen, und ſie mit mehrerer Sicherheit zu treiben. Dieſes ſetzte er auch ſogleich nach ſeiner Loslaſſung ins Werk. Er
ſammelte ſich ſchon auf dem Wege eine Rotte
handfeſter Wagehälſe, an deren Spitze er ſich
ſtellte, und die Förſte mit mehrerer Kühnheit,
als zuvor, durchzuſtreifen anfieng.

Er hatte ſeit ſeiner Gefangennehmung
einen unverſöhnlichen Haß auf die Jäger und
Gerichtsdiener geworfen, und ſuchte bey dem
Wildprätſchießen, neben ſeiner herrſchenden
Neigung, auch nunmehro ſeine heftig entbrann-
te Rache zu befriedigen.

De

Der erſte, welcher die Wirkungen derſelben zu empfinden hatte, war der Sohn des Tuſſenhauſiſchen Jägers, Franz Joſeph Baur, welcher, indem er nebſt ſeinem jüngern Bruder zur Abendszeit die Vogelgerichter beſuchte, das Unglück hatte, in die Hände dieſer tobenden Rotte zu verfallen.

Hieſel erſah ihn zuerſt, und befahl ihm gleich von ferne unter den erſchrecklichſten Bedrohungen zu ſtehen. Dieſer aber dachte auf nichts, als ſich durch eine ſchnelle Flucht dieſer beſorglichen Lebensgefahr zu entziehen. Allein Hieſel ſchickte ihm ſeinen großen Fanghund nach, der ihn gar bald erhaſchte, zu Boden riß, und ſo lang hielt, bis Hieſel mit noch vier ſeiner Cameraden ankam, welche ihn mit Schlägen und Rippenſtößen ſattſam ängſtigten, und ihm endlich auf Befehl ihres Oberhaupts ſeine Flinte, Hirſchfänger und Pulverhorn abnahmen. Nachdem ſie dieſen armen Jäger bey einer Stunde lang alſo umgetrieben, und ihre Rache einiger maſſen gekühlet zu haben glaubten; ſo befahl Hieſel, den Elenden zu entlaſſen, gab ihm ſodann in eigener hoher Perſon noch einige derbe Maulſchellen, und dieſe Lehre, mit den allerausgeſuchteſten Flüchen und Bedrohungen ausgezieret auf den Weg, daß er hinkünftig, ſo lieb ihm

das

das Leben wäre, keinen Streif mehr wider ihn
zu veranlaſſen wagen ſollte.

Nach Verrichtung dieſer Heldenthat zog
ſich Hieſel mit ſeinem Heere in die Oeſterreichi-
ſche Waldungen herab. Das Gerücht von
den Ausſchweifungen dieſer verwegenen Rotte
hatte zwar aller Orten Lärmen erreget, und
man kehrte überall von Obrigkeit aus Mittel
vor, dieſes Uebel, ehe es weiter um ſich griffe,
in der Wiege zu erſticken. Die Jäger und
Forſtknechte erhielten gemeſſene Befehle, dieſe
Bande auf das ſchärfſte zu verfolgen, und ſie
mit Feuer und Schwerdt, wie ſie zukommen
könnten, auszurotten. Die Witterung aber,
die ſchon ziemlich rauh und kalt zu werden begunnte, legte dieſen guten Abſichten viele Hin-
derung in den Weg, und Hieſel nebſt ſeinem
Anhange genoß alles guten Willens von dem
Landmanne, der ihm nicht nur allezeit Zu-
fluchtsorte anwies, und ertheilte, ſondern auch
von allen Anſchlägen der Gerichtsdiener und
Jäger Nachricht gab, ja ihn ſo gar mit Geld
unterſtützte, und als einen Beſchützer ſeiner
Gründe vor den Verheerungen des Wildes be-
zahlte; mithin wurden alle Anſchläge und
Streifereyen der Gerichtsdiener und Jäger, die
ſie, des kalten Wetters ungeachtet, mit ihrer
groſſen

grossen Beschwerlichkeit wider ihn unternohmen, vereitelt.

Mit dem Laube im Frühjahr 1767. erschien auch Hiesel nebst seinem Anhange im Walde. Alle Gehölze um Augsburg wurden unsicher. Jäger und Soldaten zogen mit gedoppeltem Eifer und Muthe wider ihn zu Feld. Der erste Kampfplatz öfnete sich in dem Walzhergerwalde. Diesen durchstreifte Hiesel eben mit noch sechs andern von seinem Gefolge, als er unvermuthet in dem sogenannten Münsterkau auf ein Commando Jäger und Soldaten stieß. Der Angriff dieser streifenden Parthey war zimlich herzhaft. Dahero Hiesel, der eine überlegene Macht vor sich sahe, vor rathsam fand, der Gewalt vor dießmal zu weichen, und sich zurück zu ziehen. Allein auf dieser Flucht konnte er gleichwohl die Vermessenheit eines Jägerssohns von Waldberg, der ihn aus übermüthiger Hitze zu weit verfolgte, nicht mit kaltem Blute ansehen; er setzte sich deswegen hinter den Storren eines Baumes, brannte sein gezognes Rohr auf ihn ab, und lehrte ihn, ein andermal klüger zu seyn.

Bey diesem glücklichen Rückzuge hatte inzwischen gleichwohl einer von Hiesels Leuten, der Lisabonner-Beck genannt, den Unfall, in die Hände der streifenden Jäger und Soldaten zu kommen; und Hiesel, der sich den Verlust seiner Angehörigen, als ein wirkliches Oberhaupt, sehr zu Gemüthe zog, schwur, da er ihn nicht retten konnte, ihn doch wenigstens nächstens zu rächen. Diese Gelegenheit der gesuchten Rache stellte sich ihm gleich folgenden Tages erwünscht dar. Denn als er den Waldischen Jagdbezirk durchkreuzete, stieß ihm der dortige Jägersknecht auf. Diesem befahl er sogleich unter den schrecklichsten Bedrohungen, Halt zu machen; allein da dieser um so eilfertiger davon lief, so schoß ihm Hiesel nach, verfehlte ihn aber, und mußte vor diesesmal seine Rache mit der Hofnung einer andern Gelegenheit befriedigen.

Indem ihnen nun so geschwinde kein anderer, an dem sie sich reiben könnten, aufstoßen wollen, so entschloßen sie sich, einen zu suchen. Der Anschlag wurde also auf den Eustachius Land, Mesner zu Steinenkirch, gemacht, als auf welchen sie, wegen seines starken Umgangs mit den Jägern und aus andern Umständen einen Verdacht geschöpfet hatten, als ob er sie verrathen hätte. Der Schluß wurde also einmüthig gefaßt, seine Wohnung noch selbigen Nachmittag zu umringen. Nachdem er also das Haus von allen Seiten besetzen lassen, begab er sich selber mit noch einem seiner vorneh-

vornehmen Gesellschaft unter den grausamsten Flüchen hinein. Seine erste Frage war mit den fürchterlichsten Ausdrücken an die Kinder, wo ihr Vater wäre, gerichtet. Als ihm diese mit heftigen Thränen, daß er mit dem Jäger ausgegangen, geantwortet, gab er alsofort Befehl, die Fenster einzuschlagen. Unter dem Getöse dieses Sturmes lief die hochschwangere Meßnerin herbey, und flehte auf den Knien vor das Leben ihres Mannes. Allein weder ihr Schrehen, noch das Geheul von ihren fünf unmündigen Kindern war zur Zeit vermögend, das entbrannte Herz des Rachathmenden Hiesels zu erweichen. Er setzte der Mutter das aufgezogene Gewehr vor die Brust, und drückte selbiges unter den heftigsten Bedrohungen, ihren Mann unfehlbar zu erschießen, zweymal los. Diese fast unvermeidlich scheinende Todesnoth verdoppelte das Jammern und Klagen des Weibes und der Kinder; worüber Hiesel lachte, und sie noch besser zu beten ermahnte, weil der Jüngste Tag eben kommen werde.

Nachdem er sich endlich an dem Angstgeschrey dieser Armen bey einer Stunde lang genug geweidet zu haben glaubte, so verließ er mit seiner gesammten Armee die eroberte und zerstöhrte Behausung seines Feindes, und zog

B   sich

sich wieder auf die Churbayrische Gehölze'
zu.

Durch das Gerüchte, das nothwendig
überall erschollen, von einem solchen Unfug,
wurden die Obrigkeiten von allen Seiten auf-
gebracht, den Ausschweifungen dieser kühnen
Rotte möglichsten Einhalt zu thun. Ueberall
wurden Jäger und Soldaten aufgeboten; alles
erhub sich nun wider ihn, als ein anders Ery-
manthisches Schwein, das die Gefilde verheer-
te, loszugehen.

Hiesel sah bey diesen Anstalten, die ihm
jederzeit von seinem Anhange, der ihm sonsti-
gen Unterschleif und allen Vorschub gab, getreulich entdecket worden, daß seine Regierung
in die länge nicht mehr dauren würde, und daß
selbst ihrer aller Leben in Gefahr stünde, wenn
sie nicht dagegen taugliche Mit.el vorkehrten,
und ihre saubere Republik durch eine genauere
und engere Verbindung der Glieder mit dem
Oberhaupte verstärkten; beynahe auf die Art,
wie die Römer bey sehr gefährlichen Zeitläuf-
ten einen Diktator zu machen pflegten. Er
stellte ihnen dahero in einer kurzen Rede die
Nothwendigkeit einer unauflöslichen Verbindung und festen Treue gegen einander nachdrücklich vor, und vermochte seine Leute dazu,
daß einer dem andern, und sie sodenn alle zusammen,

sammen, ihm, als ihrem Oberhaupte, eine vollkommene Treue und Gehorsam schwuren; worunter die vornehmste Punkte diese waren, daß keiner den andern bey vorfallender Gefahr verlassen, keinem Angriff weichen, oder wenigstens im Falle der äußersten Noth mit gezogenen Hahnen ihren Rückzug machen sollten.

Nachdem Hiesel sein Gefolge überhaupt auf diese Art zugestutzet hatte, so suchte er auch einen jeden ins besondere zur Standhaftigkeit zu ermuntern. Diese, deren Muth ihm bekannt war, stärkte er mit Lobsprüchen und den Vorstellungen der wildschützerischen Ehre; die Zaghaftere aber, und deren Muth ihm verdächtig war, hielt er zu ihrer Pflicht mit Drohungen, und so gar mit Bedrohungen der Strafe des Todschließens, an, bis sich endlich alle unter ihnen zu einer genauen Befolgung seiner Gesetze verbanden.

Nachdem er nun seine Sachen auf diese Art auf das beste eingerichtet; so zog er mit gedoppelter Kühnheit aus, und so gar denen auf ihn streifenden Partheyen mehrentheils entgegen.

Die erste von diesen bestund aus Türkheimischen Jägern, welche Hiesel nebst noch sieben seiner Gesellen in der Waldung unweit Simnach antraf; zween von den Wildschützen

B 2 trugen

trugen eben einen Hirſchen, den ſie gefället hat=
ten, und eben in einem Buſche verſteckten, um
ſich ſodenn in einem Buchwäldlein zu lagern,
und mit dem Reſte ihrer Leute das Mittagsmahl,
welches Hieſel nebſt zween andern aus dem be=
nachbarten Dorfe herbey ſchafften, einzunehmen.
Die Jäger lauerten deßwegen auf dieſe drey.
Als ſie Hieſeln mit den Broden und dem Uebri=
gen gegen den Wald zu gehen ſahen, riefen ſie
ihm ſofort zu, Halt zu machen. An ſtatt der
Antwort aber ergriffen zween ſogleich ihr Ge=
wehr, und feuerten auf die Jäger. Dieſe
zween Schüſſe wurden kaum von den übrigen
vernommen, als ſie herbey rannten, und ſich
zur Gegenwehr ihren Geſellen beyfügten. Es
geſchahen von beyden Theilen über dreyßig
Schüſſe, wordurch auf Seiten der Feinde doch
nur der Angelbergiſche Jäger am Kopf und
Arm verwundet; von Seiten der Wildſchützen
aber der Ganymed des Hieſels, oder der ſoge=
nannte Bube, Andreas Mayer, der eben mit
einer Kanne Bier zu dem Gefecht kam, gefan=
gen wurde.

Mit dieſer Beute zog ſich das Jäger=
corps zurücke in das Dorf, wurde aber unter
beſtändigem Feuren vom Hieſel und ſeinen Leu=
ten bis nach Etringen verfolget. Dem unge=
achtet aber konnte Hieſel ſeinen Liebling, oder
den

den Buben, nicht erledigen; ſondern er wurde nach Türkheim, und von da auf drey Vier-
tel-Jahre in das Zuchthaus nach München
gebracht.

Nach dieſem ſiegreichen Treffen befand
Hieſel vor gut-, ſich in die Münſterhauſiſche
Förſte herab zu ziehen. Da aber gar bald
von dem dortigen Jäger eine Streifung wider
ihn veranſtaltet wurde, ſo fand er ſich gemüßi-
get, von da ſich wieder wegzuſenden. Allein
kurz hierauf überfiel Hieſel alle beyde Münſterhauſiſche Jäger, Balthaſar Herrn und Georg
Müllern, zur Rache in der Gegend des Tyro-
lerhofs mit achten von ſeinem Gefolge; dieſe
umrang er, und befahl ſogleich, ſie niederzu-
werfen. Sofort waren ſie von den übrigen
Wildſchützen mit den Gewehrkolben zu Boden
geſchlagen, und ihnen auf der Stelle das Seitengewehr unter ſtetiger Bedrohung des Todes
abgenommen. Sie ängſtigten dieſe arme
Schlachtopfer ſo lange, bis es Hieſeln zu befehlen beliebte, ſie mit der angehängten Warnung zu entlaſſen, daß ſie ſich hinkünftig nicht
mehr unterſtehen ſollten, ihm das mindeſte in
den Weg zu legen.

Nach dieſer ſiegreichen Schlacht verbreitete ſich Furcht und Schrecken über ſeine Feinde und eine wunderbare Erwartung in der gan-

zen

zen Gegend aus, was aus diesem Wesen wer=
den wollte; insonderheit da Hiesel sich nach
dieser glücklichen Begebenheit mit noch meh=
rern Leuten verstärkte, sich muthig denen auf
ihn streifenden Partheyen widersetzte, und ü=
berall den Meister, mit stetiger Hinterlassung
betrübter Zeichen seiner Gewaltthätigkeiten,
spielte, davon folgende zu einem Beyspiel die=
nen kann.

Hiesel befand sich im Jahr 1768. mit
einigen seiner Rotte in dem Wirthshause zu
Schnerzhofen, als eben der Jäger zu Wald,
Leonhard Schenk, auf den er nicht wohl zu
sprechen war, in einigen seiner Verrichtungen
ungefähr vorbey gieng. Diesen ließ er durch
einen der Wildschützen auf einen Trunk in die
Schenke herein laden. Der Jäger war aber
bey diesem Compliment nicht durstig, und ent=
schuldigte sich aufs beste mit der Nothwendig=
keit seiner Geschäfte. Hiesel aber schickte zween
ab, um ihn mit Gewalt zu bitten, herein zu
kommen, und Bescheid zu thun. Sofort
ward er von ihnen mit bloßen Hirschfängern
und gespannten Gewehren herein geholt. Bey
seinem Eintritt in die Stube war das erste,
das er zu vernehmen bekam, die Ankündigung des
Todes. Bald ward ihm das Rohr auf die
Brust gesetzet, bald der Hirschfänger, mit der
Dro=

Drohung , ihm den Kopf zu ſpalten, gezogen.
Endlich trat Hieſel einige Schritte zurücke,
ſchlug ſein Gewehr an , und gebot ihm , ſtille
zu halten , weil er ihm , um ihn den übrigen
Wildſchützen kennbar zu machen, die Naſe aus
dem Geſichte ſchießen müßte. Nachdem ſie
dieſe Tragödie über zwo Stunden mit ihm
geſpielet, und ihm noch einige Dutzend Rip-
penſtöße mitgetheilet, ließen ſie ihn endlich mit
dem Bedrohen , daß ſie, wenn er das gering-
ſte ferner wider ſie vornehmen würde, ſeine Hütte abbrennen wollten, laufen.

Dieſes aber war nur ein Vorſpiel eines
noch weit betrübtern und rührendern Trauer-
ſpiels , welches Hieſel im Chriſtmonat des
nämlichen Jahres mit noch vierzehn von ſeiner Cameradſchaft aufführte. Der falſche
Argwohn , daß der Pachter auf dem Hauſer-
hofe, Joseph Lahner , bey einer auf die Wildſchützen geſchehenen Streifung einen von ihnen
erſchoſſen habe, bewog Hieſeln , an dieſem
Armen ein lautbares Exempel einer ernſten
Rache zu ſtiften. In Abſicht , dieſen ſeinen
Vorſatz auszuführen, ſah er ſich alle Gelegenheit ab , und eröfnete endlich ſein Vorhaben
der übrigen Geſellſchaft bey einer Verſamm-
lung, die ſie in einen Wald zuſammen beru-
fen , und darzu der nemliche Ort erwählet, wo

ihr

ihr Gefährte erschoſſen worden, um die Ge=
müther deſto eher zu rachgierigen Stimmen
vorzubereiten. Der Schluß erfolgte bald, und
alle waren einig, ihn dem Erſchoſſenen auf=
zuopfern. Hieſel zog alſo des andern Tages
nach Tannhauſen, wo eine nochmalige Unter=
redung im Wirthshauſe wegen ihres Vorha=
bens gehalten, und der gefaßte Entſchluß be=
ſchworen wurde. Sodenn gieng der geſamm=
te Zug auf den beſagten Hof zu.

Bey ihrer Ankunft vor Tages ließ Hie=
ſel alſobald den Stadel, wo der Bauer eben
dreſchte, umringen, und alle Wege zu einer et=
wa zu verſuchenden Flucht verrennen. Hier=
auf trat er ſelber mit vier andern in die Scheu=
ne, und fragte den Pachter, der ſchon vor
Angſt erbleichte, ob er keiner Dreſcher benöthi=
get wäre. Da ſich aber dieſer vor ſolche unge=
betene Arbeiter bedankte, gab Hieſel Befehl,
ihn zu dreſchen. Sogleich ergriff einer ſein
Rohr, und ſchlug ihn mit ſolcher Ungeſtümm
zu Boden, daß er eine Zeitlang nichts von
ſich ſelber wußte. Kaum aber war er wieder
ein wenig zu ſich ſelber gekommen, als alle zu=
gleich mit bloßen Hirſchfängern auf ihn zuzu=
hauen begonnten; und wohin ſich dieſer arme
Geprügelte nun zu entrinnen hinwenden wollte,
da begegneten ihm Stöſſe von Flinten und
Hiebe

Hiebe von bloßen Gewehren, die ihn überall wieder zurücke trieben.

Endlich, als er sich in der äussersten Angst ermannte, und mit Gewalt zum Stadelthor hinaus flüchten wollte, so erhielt er daselbst einen solchen Hieb über den Kopf, und zugleich einen Stoß in die Seite, daß er ohnmächtig und sinnlos zur Erden stürzte. Hiemit schien Hiesel seiner Rache genug gethan zu haben. Er ließ den elenden Pachter in seinem Blute unwissend liegen, und rief seine Cameraden zum Abzuge.

Der Pachter war indessen in die allerelendeste Umstände versetzt. Die Aerzte zweifelten an seinem Aufkommen, und endlich nach einer langwierigen Kur, die ihm über hundert Gulden gekostet, wurde er so weit hergestellet, daß er auf den Rest seines Lebens ein untüchtiger Krüppel bleibt.

Es stund nicht lange an, so kam Hiesel selber in die Enge, indem er von der Gräflich-Fuggerisch-Kirchbergischen Streifung verfolget, und bey einem Haar aufgehoben wurde. Er übernachtete mit einigen von der nemlichen ehrbaren Cameradschaft, die ihm obige Heldenthat verrichten halfen, auf den Krauthöfen. Dieses wurde sogleich bey dem dasigen Oberamte angezeigt, und die löbliche Gesellschaft

in

in der Nacht noch von einem starken Jägercom-
mando in dem Mayerhof überfallen. Alle Ausgänge waren vorher wohl besetzt, und sodenn den
Wildschützen im Hause angekündiget, sich gefangen zu geben, und keine weitere Gewalt zu erwarten. Hiesel ward durch diesen unerwarteten
Streich in keine geringe Verlegenheit gesetzt.
Jedoch er erholte sich gar bald wieder aus seiner Verwirrung, und rief seinen Belagerern
zu, daß sie ihm nur erlauben möchten, sich zuvor anzukleiden, alsdenn wolle er ihnen willig
folgen. Dieser kurzen Frist bediente er sich, in
aller Eile sich fertig zu machen, und einen Ausfall durch die Hinterthüre zu wagen. Wie
gedacht, so gethan. Er öfnete die Thür in
aller Stille, und fiel zugleich mit seinen dreyen
Gesellen (so viel er dazumal bey sich hatte) in
guter Entschließung hinaus. Die auf dasigem
Posten gestandene Jäger säumten sich zwar
nicht, Feuer auf sie zu geben, und es wurde
auch einer von den Flüchtigen durch die Brust
getroffen, und fiel todt darnieder. Der Kirch-
bergische Revierjäger und der daselbstige Büch-
senspanner warfen hierauf ihr Gewehr von sich,
und wollten die verwundete Flüchtlinge mit
dem Hirschfänger in der Faust einholen; allein
Hiesel wandte sich auf einmal, und brannte
seinen Stutzer, dessen Schuß er klüglich ge-
spart

spart hatte, auf einen dieser Jäger los, der sogleich todt zur Erden gestreckt wurde. In dem nemlichen Augenblicke erhielt der andere Jäger das nemliche Schicksal von einem andern Wildschützen, indem er einen Schuß mit sechs groben Schroten und einer Kugel in die Brust bekam, daß er nach einigen wenigen Seufzern seinem Gesellen in die Ewigkeit nachfolgte.

Hiemit hatte Hiesel nebst seinem Gefolge Zeit und Muße genug, das nahe Gehölz zu gewinnen, ihre Gewehre wieder zu laden, und über die Unbesonnenheit ihrer beeden Verfolger zu lachen.

Der Lärmen indessen, den die verschiedene Schüsse gemacht, hatte das ganze zertheilte Jägercorps von allen Orten auf den Wahlplatz gezogen; da sie denn ein erbärmliches Schauspiel sahen, die Körper ihrer beyden Gesellen im Blute schwimmen fanden, und nicht ferne von ihnen auch den Leichnam des erschossenen Wildschützens, der noch mit dem Tode rang, erblickten. In dieser Bestürzung war ihr erstes, die Leiber in das Haus hinein zu schaffen; und dieser Arbeit um die Todten bediente sich ein in dem Keller versteckt gewesener lebendiger Wildschütze zu seinem Vortheile so gut,

gut, daß er unter dem Lärmen des Hin = und Wiederlaufens glücklich entwischte.

So gut inzwischen dieses Abentheuer vor Hieseln abgelaufen; so war er dabey doch verwundet worden. Der Schmerz seiner Wunde beunruhigte ihn aber nicht so sehr, als die noch mehr dadurch gereizte Begierde, sich je eher je lieber mit sattsamen Zinsen an einem andern Jäger zu rächen, und ihnen seine Schuld nachdrücklich heimzuzahlen, um ihnen je mehr und mehr, seinen Grundsätzen gemäß, die Lust, ihm nachzugehen, vergehen zu machen, oder wenigstens zu versalzen.

Die Gelegenheit, sein Müthlein zu kühlen, bot sich ihm auch gar bald dar. Denn da er ungefähr nach seiner selbsthergebrachten Weise mit noch zwölf von seinen Getreuen in dem Frankenhoferwalde bürstete, erblickte er den dortigen Hochfürstlich = Augsburgischen Forstmeister, Conrad Hasel, in Begleitung eines Jägerknechts. Diese kamen ihm nun eben zu gelegener Zeit. Er gieng sofort mit seiner Rotte und aufgezogenen Hahnen auf diese beyde Verlassene los, und brachte sie ohne alle Mühe in die Mitte. Sodenn hielten zween von ihnen die gespannte Röhre dem Forstmeister vor die Brust, ein Dritter aber ihm das fertige Gewehr in den Rücken.

Hiesel

Hiesel befahl hierauf vor allen Dingen
dem Forstmeister, seinen Stutzen abzulegen,
welchen er, so bald es geschehen, ergriff, und
auf den armen Gefangenen unter den greulichsten Bedrohungen, sich in die Ewigkeit zu gehen fertig zu machen, anschlug, und ihn eine
Zeitlang in diesem Schweißbade beten ließ.
Sodenn erst befahl er seinen Leuten, sich über
ihn herzumachen, und ihren Muth an ihm
nach Herzenslust zu kühlen. Alsobald ergriff
ihn einer bey den Haaren, ein anderer schlug
mit dem flachen Hirschfänger auf ihn zu, ein
dritter versah ihn mit Rippenstößen, und alle
trieben es so lange, bis er ohnmächtig unter ihren Händen zu Boden fiel. Inzwischen er
nun wie ein Todter in einer gänzlichen Unempfindlichkeit da lag, nahmen sie ihm seine
Weidtasche, Hirschfänger, Pulverhorn, und
sein ganzes Jagdgeräthe mit einer solchen Un-
höflichkeit, daß er darüber aus seinem fast
tödtlichen Schlummer zu seinem Unglücke wieder erwachte; denn sie sprangen ihm hierauf
noch zu guter Letze, um alle Lektionen an ihm
zu üben, auf dem Bauche mit Füßen herum,
und ließen ihn hernach liegen, so lange er wollte. Ein nicht besseres Schicksal, als der Herr,
hatte der Knecht ebenfalls zu versuchen; denn
sie raubten ihm seine Flinte und übriges Gerä-
the,

the, und prügelten ihn bey einer Viertelstunde
herum, bis sie nicht mehr mochten.

Nach dieser Frevelthat nahmen sie sich
nicht einmal Zeit auszuruhen, sondern schritten alsofort zu einer andern, indem sie zween
Bauren, von denen sie ebenfalls verrathen geworden zu seyn glaubten, mit gezückten Hirschfängern überfielen, und sie unter allerhand
Aengstigungen bis auf den Tod mißhandelten.

Ein nemliches trauriges Schicksal führte
den Jäger von Richartshausen, Anton Möse-
len, dem rachathmenden Hiesel in die Hände.
Denn da dieser auf den Schreppacher Hof um
einen Wagen, sein Dienstholz heimzuführen,
anzusuchen gekommen, so befand sich zu seinem
Unstern eben Hiesel nebst noch vielen von seiner
Rotte zugegen. Der arme Jäger kam ihm
also eben zu rechter Zeit erwünscht ins Garn.
Hiesel gab demnach alsobald Befehl diesen
Menschen genau zu beobachten, um bey seiner
Heimkehr ihren Muthwillen nach Herzenslust
an ihm büßen zu können. So lange sich also der Jäger in dem Wirthshause befand,
wurde ihm von Hieseln und seiner löblichen
Compagnie aufs freundlichste und mit der
vollkommensten äusserlichen Vertraulichkeit be-
gegnet. Da diesem aber gleichwohl nicht gar

wohl

wohl zu Muthe bey diesen Vögeln war,
und er sich aus der Gaststube durch einen
hinter dem Hause gelegenen Garten mit guter Art davon machen wollte; so wurde er
von einem Abgeschickten des Hiesels, Sternbutz
genannt, so fort bey den Haaren ergriffen, zu
Boden gerissen, und mit den derbsten Ohrfei-
gen nach aller Nothdurft bedienet, bis sich die
übrige auch herbey machten, und das ihrige
reichlich darzu beytrugen, bis der Sternwirth
von Tanhausen endlich sagte, er habe nun seinen Theil bekommen, und doch seye kein Blut
von ihm zu haben. So fort riefen alle mit
vereinigter Stimme, daß sie Blut sehen müß-
ten. Und hiemit sprangen sie unter immer
fortwährendem Zuschlagen auf ihm herum;
bis Hiesel an diesem Tanze Einhalt zu machen
befahl, seinen Hirschfänger ergrief, und dem
armen liegenden den Kopf zu spalten drohete,
inzwischen ein anderer ihm den gespannten
Stutzen auf die Brust hielt, und ihm zum
Abschied aus dieser Welt sich fertig zu machen befahl. Nachdem dieses Trauerspiel
bey einer guten halben Stunde gewähret, so
befahl endlich Hiesel auf die vielvermögende
Vorbitte und Versprechen einiger zusammen-
gelaufener Bauren, daran ein Ende zu machen,
und ließ den auf den Tod verwundeten Jäger

unter

unter den empfindlichſten Spöttereyen ſeiner
und ſeiner Rotte forttragen.

Nach dieſer ausgelaſſenen That zog ſich
Hieſel mit ſeiner Schaar gegen die in Schwaben gelegene Churbayriſche Stadt Wertingen
herab; als welche Gegend wegen Zuſammen-
ſtoßung der Gränzen verſchiedener Herrſchaften
und Gebiete zu ſeiner Sicherheit ihm be-
ſonders zuträglich ſchiene: indem er auf dieſe
Art, ſo bald er die Obrigkeitliche Verfolgungen in einem Bezirke vermerkte, ſich in einen andern Gerichtszwang zog, und damit
alle angewandte Beſtrebungen der auf ihn aus-
geſchickten Streifen ohne ſonderliche Schwie-
rigkeit allezeit vereitelte.

Da er alſo immer unſtät und flüchtig,
wie ein anderer Cain, von einem Land in
das andre flohe; ſo befand er ſich einsmals in
der Kayſerlichen Grafſchaft Burgau auf dem
Zollhauſe ohnweit Binswangen, wo er alſobald verrathen, und von einer Kayſerlichen
Soldatenſtraife aufgeſucht wurde. Allein er
ward eben ſo bald von dieſer ihm obſchweben-
den Gefahr durch ſeine Gönner benachrichtiget,
und ihm alles ſo genau beſchrieben, daß er
ſich bedunken ließ, dieſer Streife mit ſeinem
Kriegsheer wohl gewachſen zu ſeyn. Darum
rückte

rückte er diesen Soldaten mit seinen Leuten
wohlbewafnet in das Dorf entgegen. Sogleich
bey dem Eingange in daselbe befahl er zuerst
auf die Feinde Feuer zu geben, und da sich
diese hierauf in das Schloß zurücke zogen, so
würde er mit gleicher Frechheit auch dieses selbs
sten berennet und angefallen haben, wenn ihm
nicht einige seiner Freunde daselbe äußerst mißrathen, und diese allzu kecke Unternehmungen
aus dem Kopfe gebracht hätten.

Wenige Tage hernach brachte er in Erfahrung, daß der Burgauische Zollner zu Binswangen derjenige gewesen, der diese Streife
wider ihn veranlasset. Dieses war genug ihn
zu bewegen, das Zollhaus desselben noch den
nemlichen Abend zu umgeben. Sofort ward
alles Fensterwerk desselben mit ihren Hirschfängern eingehauen, dem Zollner aber, der ihnen
in der Angst ungefähr unter den Weg lief,
mit auf die Brust gesetzten und gespannten
Gewehren eine ernstliche Strafpredigt gehalten, die dahinaus lief, sich, so lieb ihm das
Leben wäre, nicht mehr zu unterstehen, eine
Streif und Verfolgung wider ihn aufzuwigen.

Als Hiesel diese Gegend seinen ernstlichen
Unwillen und Ahndungen empfinden lassen, so
begab er sich in eine andere, ein nicht minder

freches Beyspiel seiner Vermessenheit, welches
er zu Ettenbeyren, Reichsstift Wettenhausischer
Herrschaft, an einem ihm verhaßten Jäger von
Schönenberg, Wolfgang Mögele, stiften
wollte, sehen zu lassen.

Er kam in Begleitung vier seiner Gesellen in das dasige Wirthshaus, wo sich der
Jäger, der sie ausgespührt hatte, eben befande. Die Feindseligkeiten anzufangen wurde
dem Jäger zuerst ein Trunk vom Hiesel zuge-
bracht; da dieser aber Bescheid zu thun aus-
schlug, so wurde alsobald zur Schlacht gebla-
sen, um eine solche vorgebliche Beleidigung der
Hieselischen Majestät aufs empfindlichste abzu-
strafen. Zuvörderst ward Befehl ertheilet,
alle übrige zu dem Spiel nicht gehörige Gäste
und Zechleute mit bloßen Seitengewehren aus
der Stube zu treiben, und sich den Schauplatz
zu seiner vorhabenden Tragödie zu reinigen.
Sodenn gieng er über den Jäger in eigener
Person, in der Linken seine gespannte Kugel-
büchse, und in der andern den bloßen Hirschfänger haltend, los. Mit diesem versetzte er
ihm sieben Hiebe, wovon drey in den Kopf,
die übrigen viere aber in den Arm giengen.
Mit diesem aber war die Rachsucht des aufgebrachten Hiesels noch nicht ersättiget. Er
postirte seinen gewesenen Fanghund auf den
Tisch.

Tisch. Dieser mußte den bereits allzusehr ver=
wundeten Jäger fassen, und richtete ihn auch
durch verschiedene ungeheure Bisse dergestalt
zu, daß er völlig gelähmet verbliebe. Bey
diesem unmenschlichen Verfahren ließ er es
gleichwohl noch nicht bewenden, sondern be=
fahl ihn in die Küche hinaus zu schleifen, wo
er ihn nebst den andern Gesellen der Bosheit
aufs neue mit Schlägen und Stößen mis=
handelte, ja ihn endlich gar umgebracht ha=
ben würde, wo nicht ein zu dem Todschwachen
herbeygerufener Geistlicher ihm Vorstellungen
gethan, und dieses grausame Herz endlich so
weit gerühret hätte, daß er seiner Rotte zurücke
rief, und ihr von weitern Gewaltthätigkeiten
abzustehen befahl, gleichwohl aber dem in
völliger Unempfindlichkeit und Ohnmacht lie=
genden Jäger zuvor seinen Hirschfänger, nach=
dem er ihm vorhin schon das Schießgewehr
abgenommen, abgürten, und ihn sodenn in
seinem Blute liegen ließ.

Mit diesem blutigen Ausbruche seiner
wildschützerischen Rache war Hiesel so wenig
vergnügt, daß er sich vielmehr um eine neue
Gelegenheit umsah seinen Muthwillen weiter
zu üben: die er auch an dem Amtsknecht zu
Göggingen, Johann Baptist Meng, auszu=
lassen reichlich fande. Dieser gienge zu Gög=

gingen

gieng bey dem obern Wirthshause in seinen
Geschäften vorbey, und wurde von einem seiner ehrbaren Kameraden, Studele, welcher
eben neben seinem Herrn Gebiether unter der
Thür des Hauses stunde, ersehen, und ihm
sofort von ihnen zugerufen, woher er käme?
Der Frohnknecht versetzte mit einer Amtsmine,
daß er ihm hierüber nicht Rechenschaft zu geben habe. Der hurtige Studele aber gieng
ohne Ansehen seines Amtes auf ihn mit bloßem
Gewehr los, und brachte ihm einige Hiebe
bey. Da er diese aber mit dem Arme auf-
fienge, so ergrief der ergrimmte Studele seine
Flinte, und schlug ihn damit zu Boden. Ehe
sich der gute Amtsknecht aus dieser seiner Be-
täubung erhohlte, war indessen Hiesel mit dem
grossen Hunde herbeygekommen, und stampfte
ihn mit seinem Gewehr ganz durch, bis er
zuletzt ermüdet seinen Fanghund an den Nieder-
geschlagenen hetzte, und ihn so erbärmlich auf
dem Platze herumzerren ließ, daß er ohne Zweifel nimmermehr wieder aufgestanden seyn würde, wenn nicht Hiesel durch zween herbeygelau-
fene Bauren an dem Fortgange seines grausamen Verfahrens gehindert, und dem armen
Geplagten dadurch Luft gemacht worden wäre,
durch eine über Kraft und Macht eilfertige Flucht
in das nächste Bauerhaus zu entrinnen. Allein

lein auch dahinein ward er von dem entflamm=
ten Stubele verfolget, und in dem Hause,
weil er den Flüchtling selber nicht mehr er=
haschen können, alle Fenster, und was nur
darinnen zerbrechlich ware, in vollem Grimme
zerhauen.

Nicht lange hernach stieß Hieseln nebst
noch dreyen von seinen Gespahnen ein wich=
tigeres Abentheuer auf, da sein Heldenmuth
ein grösseres Feld, sich hervorzuthun vor sich
fande, indem er mit der Roggenburgischen
Streife ins Handgemeng geriethe.

Hiesel nemlich befand sich im Jahr 1769.
den 14. Sept. in dem Wirthshause zu Brei=
tenthal, um sich nach seinen vielen Faticken et=
was mit seinen Leuten zu gute zu thun, wo
er sich auch nach Art solcher Gesellen in aller=
hand Liederlichkeiten lustig machte. Dieser
sein Aufenthalt ward alsobald seinen Aufsätzi=
gen verrathen, und auf ihn eine Streife aus=
geschickt, zu gleicher Zeit aber auch ihm von
seinen Getreuen von der ihm bevorstehenden
Gefahr eilfertige Nachricht gegeben. Er po=
stirte sich also mit seinem Haufen, an statt zu
entweichen, auf dem Platze vor dem Wirths=
hause, in der Entschließung, mit dieser Streife
sich in eine öffentliche Schlacht einzulassen.

C 3   Kaum

Kaum wurden einige dieſer Abgeſchickten von
ihne erſehen, als er ſie ſogleich mit geſpann:
tem Hahnen zum Streit aufforderte. Die
Streife aber zog ſich in den nächſtgelegenen
Baurenhof, und räumte ihm alſo das offene
Feld. Hieſel hingegen verfolgte ſie in dem gröb:
ſten Ungeſtümm mit ſeiner ganzen Armee: bey
welcher Gelegenheit einer der ſeinen, der Bay:
riſche Hanſel genannt, auf einen Gefreyten ſein
Gewehr losdrückte, Hieſel aber einen Korporal
zum Gefangenen machte, den er zuerſt mit der
flachen Klinge ſeines Hirſchfängers wider alle
Kriegsmanier tapfer abprügelte, und ſodenn
erſt in einen Arm verwundete, um zwar nur,
wie er ſagte, zu erfahren, ob die vorgegebene
Feſtigkeit deſſelben aufgelöſet werden könnte.

Es war vor Hieſeln etwas nicht gerin:
ges, diejenige, die ihn zu greifen ausgeſchickt
waren, verjaget und zerſtreuet zu haben; ſo
daß er ſich mit allen Ehren davon und in
Sicherheit hätte begeben können. Allein da:
mit war ſein ſtolzes Herz nicht zufrieden.
Er blieb nicht nur noch denſelben Tag in
dem Wirthshauſe, ſondern zog gar mit vier
von ſeinem Gefolge nach Roggenburg ſelber.
Daſelbſt forderte er nicht anderſt, als ob er
Contribution eintreiben wollte, von dem Wirthe
ein Mittagsmahl. Da ſich aber der Wirth
entſchul:

entschuldigte, und ein dießfalls vorhandenes
herrschaftliches Verbot ihm nichts zu geben
vorschützte, so versetzte Hiesel mit dem lächer:
lichsten Gespötte über diesen Befehl, daß er
die Küchen= und Kellerschlüssel schon selber
finden wollte. Mittlerweile ward ihm von
dortigem Oberamt aus durch einen Abgeord:
neten beditten, sich aus dem Wirthshause und
dem ganzen Orte sogleich zu begeben. Ueber
diesen Auftrag spottete Hiesel noch mehr, als
über den vorigen, und schlug zugleich mit sei=
nem Gewehr, um zu zeigen, wie wenig er sich
aus ihren Befehlen mache, auf die unter dem
Thore stehende Schildwacht mit dem Bedro:
hen an, daß er sie, wenn sie nicht augenblick:
lich ihren Posten verließe, auf der Stelle kalt
machen wolle. Sodenn ließ er dem Oberamt
vermelden, daß sie nur ihr ganzes Contingent
wider ihn heranschicken, zugleich aber einen
Wagen, die Todte und Verwundete zurückzu:
führen, mitsenden möchten. Sodenn aber
wolle er erst noch in das Kloster mit seinen
Leuten einfallen, den Reichsprälaten in seinem
eigenen Zimmer erschießen, und sich noch dar:
zu niedersetzen.

Durch diese und andere dergleichen glück:
lich abgelaufene Frevelstücke breitete er Furcht
und Schrecken über die ganze Landschaft und

alle

alle Herzen derer auf ihn geschickten aus, so
daß er bey nahe wie, und wo es ihm nur beliebte, herumschweifte, und seinen Muthwillen
in allen Gegenden Schwabens fast ungehindert
ausübte. Denn ob ihm wohl von allen Seiten durch Obrigkeitliche Verordnungen und
Anstalten zuvorzukommen, und auf den Leib
zu gehen verfügt wurde, so konnte es doch niemals theils wegen seiner ausserordentlichen
Frechheit, die seine Feinde in Furcht setzte
ihm nahe zu kommen, theils wegen der Nachrichten, die er von allen wider ihn gemachten
Nachstellungen zeitlich bekam, zu einem rechten Ende gelangen.

Hiesel fieng also mit Anfang des 1770.
Jahres nicht so wohl ein neues Leben an, als
daß er das alte nur ordentlich fortsetzte, und
hin und wieder noch vermehrte und verschö-
nerte. Die erste Probe davon machte er
gleich zu Anfang des Jahres in dem Markt
Buchloe, wo er sich der auf ihn ausgeschickten
Streife mit der äussersten Vermessenheit ent-
gegensetzte. Er hatte von dieser vom Pfleg-
amt aus wider ihn gemachten Verordnung
kaum Nachricht erhalten, als er mit seinen
bey sich gehabten Kameraden auf der Stras-
se gegen das bekannte dasige Zuchthaus zu
Posto faßte, um nicht nur den Angriff der auf
ihn

ihn anrückenden Streife zu erwarten, sondern
vielmehr, so bald sie sich blicken lassen würde,
auf sie selbst loszugehen. Bey dem Anzuge
derselben empfienge er sie sogleich mit einer
Salve seiner Gewehre, wovon alsobald zween
von der feindlichen Seite tödtlich verwundet
niederstürzten, der Rest des Commando aber
sich zerstreute, und dem siegreichen Hiesel den
Wahlplatz überließ, der zum Zeichen, daß er
das Feld erhalten, noch verschiedene Schüsse in
das Zuchthaus sowohl als die nahegelegene
Wohnungen zu thun befahle.

Gleich auf dem Abzuge von diesem berühmten Treffen stellte sich ihm eine neue Gelegenheit dar, seine Rache in einem kleinen Felde sehen zu lassen. Der Amtsdiener von
Blauhofen, Johann Georg Teisler kam ihm
von ohngefähr in den Weg, und erhielt also
gleich unter den schrecklichsten Flüchen Befehl,
Halt zu machen. Dieser hatte Muth genug
um stehen zu bleiben: da er denn so fort vom
Hieseln samt vier Wildschützen umrungen,
und ihme die Spitzen ihrer Hirschfänger auf
die Brust gesetzt wurden. Sodenn wurde er
mit häufigen Schlägen ihrer flachen Klingen, und
dem Anhetzen des grausamen Hundes geängstiget
und mißhandelt. Endlich ergriff ihn Hiesel
selbsten bey der Brust in Meinung ihn zu

C 5   Boden

Boden zu werfen. Der Amtsknecht aber, der
ein nicht minder gewandter Kerl als Hiesel,
und überdieß auch stärker war, kam ihm zuvor, faßte ihn bey der Mitte des Leibes, und
überwarf ihn somit in einem Augenblick, daß
ihm der Held vor den Füßen lage. Allein
dieser Sieg kam dem Amtsknecht theuer zu
stehen. Denn auf dieses wurden alsobald
und fast zugleich von den Trabanten des
Hiesels dem armen Sieger drey Wunden ü-
ber die Arme versetzt, deren noch mehrere
und so viele folgten, bis sich Hiesel unter
seinem Bezwinger hervorgearbeitet, und wieder in die Höhe gebracht hatte, der sofort
dem Amtsknecht zum schuldigen Dank einen solchen Hieb über die linke Hand versetzte,
daß er von diesem allein außer allen Stand
der geringsten Gegenwehr gesetzt wurde.
Der Elende würde auch durch die häufige
Wunden, die sowohl von den Bissen des
Hundes als den Hirschfängern unaufhörlich
auf ihn regneten, unfehlbar endlich haben zu
Grunde gehen müssen, wenn nicht sein Vater
eben noch zur rechten Zeit mit einigen Wasen-
knechten und Hunden herbeygekommen, und
ihn aus den Händen dieser mörderischen Rotte,
obwohl mit genauer Noth, errettet hätte.

Dieser

Dieſer von dem Amtsknechte erlittene
Schimpf der Niederlage ſtieg Hieſeln ſo ſehr
in den Kopf, daß er ihm den unvermeidlichen
Tod ſchwur, wofern er vernehmen ſollte, daß
er ſich ſeines über ihn erhaltenen Vortheils
nur im geringſten gegen jemand zu rühmen
gelüſten ließe.

Bald nach dieſem Hergang mußte der
Marktflecken Buchloe nochmalen herhalten,
und die frevelhafte Ausgelaſſenheit Hieſels
und ſeiner Bande erfahren: indem er den 7.
Febr. 1770. mit dreyzehn ſeiner bewafneten
Trabanten in dem dortigen Poſthauſe anlangte; da er denn erſtlich mit einem daſelbſt
angelangten Fremden angebunden, und ihm
die gröſte Grobheiten, als man nur denken
kann, erwieſen, hernach aber mit ſeiner ganzen Rotte vor das daſige Amthaus gezogen,
die daſelbſt befindliche Wache mit den empfindlichſten Schimpfworten aufgefordert, und da
ſich ihm niemand entgegen geſtellt, endlich
ſelbſten fünf Schüſſe in das Amthaus gethan.
Worauf er endlich dieſe Gegend von ſeinen
Gewaltthätigkeiten befreyte, und ſich mit ſeinem Anhange weiter herabzoge, um Augsburg
die Ehre ſeines Beſuches zu gönnen, und auch
in den Gegenden des Lechs und der Wertach
ſeines

ſeines Namens Gedächtniß ſchrecklich zu ma=
chen, und zu verewigen.

Seine Bande war nun ſchon zu einer
ſolchen Anzahl angewachſen, daß ſie ſich vor
kleinen Verfolgungen nicht viel zu fürchten hat=
te; allein dabey hatte ſie auch die Unbequem=
lichkeit, daß ſie ſchwerer zu unterhalten war,
und unmöglich lange ſich verborgen irgendwo
halten konnte. Mithin wurden auf die erſte
Nachrichten ſeiner erfreulichen Ankunft alſobald
die gehörige Mittel vorgekehret, dieſe ungebe=
tene Gäſte aufzuheben oder wenigſtens zu ver=
treiben. Man ſäumte ſich alſo auch hieſiger
Orten nicht, wider dieſe Abentheuer zu Felde
zu ziehen.

Die erſte wider dieſe böſe Buben den
7. Merz 1770, ausgeſandte Streife war ein
Reichsſtadt=Augsburgiſches ſehr ſtarkes Sol=
datencommando, welches auf erhaltene Nach=
richt, daß ſich Hieſel mit ſeiner Armee in
dem Dorf Pferſen befinde, ſich nach Kriegs=
haber verfügte, des andern Tages aber nach
Pferſen umſchwenkte, und den langen und ſehr
engen über die Wertach geſchlagenen Steg
bey Pferſen beſetzen wollte.

Hieſel war von dieſer auf ihn ausgeſand=
ten Streife lange vorher ſchon benachrichtiget,
und ihm alle Mittel, Wege und Straßen an
die

die Hand gegeben dieſer Streife leichtlich zu
entgehen. Gleichwohl hatte er Luſt mit fünf
ſeiner damals bey ſich gehabten Kameraden,
aus bloſſem Muthwillen mit dieſem Commando anzubinden, und einen kleinen Scharmützel
zu halten. In keiner von allen ſeinen Schlach-
ten hat Hieſel mehr Geſchicklichkeit und Kriegs-
erfahrenheit, obwohl er nie keinen Krieg geſehen, und wahrſcheinlich auch kein kriegeri-
ſches Buch geleſen, blicken laſſen. Denn
er rennte ſeinen Verfolgern den Weg ab,
und hatte den Pferſenſteg, welcher ihm abge-
ſchnitten werden ſollte, vor ihnen beſetzt. Bey
dieſem Stege ſtehet gegen das Dorf Pfersheim
zu einige wenige Schritte davon eine kleine Ka-
pelle mit etlichen darum gepflanzten Bäumen.
Bey dieſer faßte Hieſel mit ſeinen Leuten
Poſto, und hatte daſelbſt auch den beſten
Stand, den er nur wünſchen mochte, indem
er davon aus den ganzen Steg, der ſo enge
iſt, daß kaum zwo Perſonen neben einander
gehen können, beſtreichen konnte. Sodann
war ſeine zwote Verfügung, ſeinen Leuten zu
befehlen, nicht zu ſchießen, ſondern ihm und
dem Tyroler, welchen man wohl ſeinen Gene-
rallieutenant in dieſem Treffen nennen mögen,
beſtändig die Gewehre in äuſſerſter Geſchwin-
digkeit geladen zu bieten. In dieſer Verfaſſung
erwar-

erwartete er die Streife, die über den Steg anrü-
cken sollte. Der Anführer derselben sahe aber
nun wohl endlich selber ein, daß, wenn ihm
auch seine Leute folgten, dennoch bey so be-
wandten Umständen der halbe Theil davon
nothwendig darauf gehen müßte,, ehe sie Hieseln nur nahe kämen, und hielte daher mit
dem Hinübermarschiren inne. Drey Helden
aber von seinem Volke, die noch vermessenere
Ritter, als Hiesel selber, waren, fiengen an,
ohne Befehl und ohne selber zu wissen warum,
über den Steg gegen dem Hieselischen Posten
aufzumarschieren. Diesen rief also Hiesel mit
allerhand spöttischen und lächerlichen Drohungen zu, Halt zu machen. Da sie aber gleichwohl ohne darauf zu achten fortrückten, brannte er los, und schoß, sie zu warnen, überhin.
Diesen Schuß beantwortete ihm einer von diesen Kommandirten mit einem gleichen Feuer,
auf welches der Tyroler, welchem der zweyte
Rang in der Gewißheit des Schießens nach
Hieseln von seinen Gesellen zuerkannt wurde,
ebenfalls ihn zu warnen, los. Als aber dagegen zu feuren und weiter anzurüken von diesen dreyen nicht nachgelassen wurde, so ergrief
der Tyroler endlich seinen Stutzer im Ernst,
und schos dem Mittelsten von diesen dreyen so
gerade in das Herz, daß er augenblicklich todt
darnieder fiele.   D:r

Der Befehlshaber dieſes Commandos ſa-
he alſo mehr als zu deutlich, daß dieſen Leuten auf ſolche Art nicht beyzukommen war,
und fand daher vor rathſam mit ſeinem Todten
vorlieb zu nehmen, und ſich ſamt ſeinen Untergebenen zurücke zu ziehen. Dieſes that Hieſel,
nachdem er ſich noch einige Zeit auf dem Wahl-
platze verweilet, ebenfalls, und begab ſich ſodenn nebſt ſeinen Leuten nach aller Bequemlichkeit zurücke, nicht ohne alle Sorge, nach Art
eines behutſamen Feldherrns, daß ihme etwa
eine andere Colonne unverſehens in den Rücken
kommen, und ihme den Rückzug in die Bur-
gauiſche Gehölze, wohin er ſich zu wenden gedachte, abſchneiden möchte.

Dieſer groſſe Sieg flochte friſche Lorbeere,
in den Hieſeliſchen Heldenkranz, und ermun-
terte ihn nicht nur zu weitern kühnen Thaten
durch den guten Erfolg ſeiner bisherigen Unternehmungen, ſondern erwarb ihm auch ein
vollkommenes Zutrauen von allen ſeinen Leuten
ſowohl, als einen ſtarken Zulauf von andern
Taugenichten, die unter einem ſo berühmten
Haupte ſich hervorthun wollten, und an einer
Lebensart von der äuſſerſten Ausſchweifung belieben trugen. Hieſel ſammlete auch davon,
ſoviel ſich ihme ihrer anboten, und verſtärkte
seinen

seinen ohnehin schon mehr als zu zahlreichen Haufen um ein merkliches.

Unter diesen neuen Ankömmlingen hatte Hiesel auch unter andern das ungemeine Vergnügen seinen allergetreuesten, den sogenannten Buben, Andreas Mayer, welcher seit der obenberührten unglücklichen Schlacht bey Türkheim in dem Zuchthause gesessen, wieder zu umarmen. Seine bisher erlittene Straffen und Gefangenhaltung war keinesweges vermögend das süße Verlangen nach diesem umschweifenden und gefährlichen Leben auszutilgen. Er war kaum seiner Gefängniß entlassen, als er mit geflügelten Füßen seinem lieben Meister nacheilte, unter dessen Anführung er so schöne Gründe zu einem ruchlosen Leben geleget, und es darinnen unter seiner weitern Aufsicht noch höher zu bringen verhoffte.

Der Meister war nicht weniger über diese unvermuthete Wiederkunft erfreuet, als der Jünger, und machte um so viel mehr Staat auf die Treue dieses seines jungen Anhängers, je mehr er dieselbe in allen Widerwärtigkeiten der Gefangenschaft unwandelbar geprüfet, und gegen sich unveränderlich befunden hatte. Er schwur ihm dahero bey seiner neuen Aufnahme mit den theuresten Versicherungen, seine bisher

bisher erlittenen Drangsalen nachdrücklich zu
rächen, und seine ausgestandenen Plagen allen
Forstbedienten und Gerichtsdienern, die ihnen
nur in die Hände fallen würden, in voll ge-
rüttelter Maaße und mit reichen Zinsen einzu-
tränken. Von diesem an würdigte er ihn auch
eines mehr vertrautern Umganges, und machte
sich kein Bedenken, ihm seine allergeheimeste
und wichtigste Geschäfte anzubefehlen. Aus
diesem Grunde machte er ihn auch zu einem
Aufseher und geheimen Beobachter der Hand-
lungen und Unternehmungen seiner übrigen
Leute, von deren Treue er nicht allemal so vollkommen überzeugt war, daß er sich ohne Sorge auf sie hätte verlassen können. Mit einem Wort, es hätte kein ausgesuchteres Paar
zusammenkommen können, so sehr erfreuete sich
der Meister über die Willigkeit seines Schülers,
und der Schüler über die Geschicklichkeit und
das Zutrauen seines Meisters, von welchem
er alles hoffete.

Nachdem sie also diese engere geheime
Verbindung mit einander geschlossen, so giengen sie neben ihren andern Gesellen der Bosheit
auf ihren alten Wegen noch viel frevelhafter,
als vorhin jemahlen fort. Die sie auf allen Seiten umgebende Gefahren, die Furcht
alle Augenblicke aufgehoben und gefangen zu

D   werden,

werden, die Folgen, welche ihre Erhaschung nothwendig haben mutte, und der gewisse und schimpflichste Tod, den sie sich zum öftern verdient zu haben nicht anderst als unvermeidlich immer vorstellen konnten, war indessen im mindesten nicht vermögend, sie auf eine Aenderung dieses höchst gefährlichen und mit dem Tode stets ringenden Lebens gedenken zu machen, und sich in Zeiten noch auf andere und sicherere Wege zu begeben. Sie wichen, nachdem sie sich verstärkt hatten, denen ihnen überall drohenden Gefährlichkeiten so wenig aus, daß sie vielmehr mit der grösten Vermessenheit darnach rangen, und das Glück, das sie so vielmal dem augenscheinlichen Untergange entzogen, ohne Unterlaß herausforderten, und endlich ermüdeten.

In solchen Entschließungen und Verachtung aller Gefahren, vermög welcher sie den festen Vorsatz gefasset, aller Gewalt, die ihren Unternehmungen Einhalt zu thun sich anmaßete, wie die auch immer beschaffen seyn möchte, gleiche Gewalt entgegen zu setzen, war Hiesel mit seiner Rotte bald nach dem siegreichen Gefechte an dem Pfersenstege bey Augsburg zu Kellmünz, wo eben die Bauren ihre Nachkirchweyh feyerlich begiengen, angekommen. Hiesel und sein Liebling, der Bube,

nebst

nebſt noch fünf andern ſeiner verwegenen Wagehälſe nahm daſelbſt die Einkehr ohne Anſtand
in dem Wirthshauſe bey der Kronen.

Gleich bey dem Eintritt in die Schenke
beſtellte Hieſel als ein erfahrner Kriegsoberſter
die nöthige Wachten. Es ward ſofort die
Thüre mit einem von ſeinem Corpo beſetzt,
und andere auf die Gaſſen beordert, um auf
alles, was etwa vorgehen möchte, ein wach-
ſames Auge zu haben. Nachdem er alſo alles nach der Diſciplin aufs genaueſte angeord-
net, fieng er mit ſeinen übrigen Kameraden erſt
an ſich luſtig zu machen, zu tanzen, daß es
ſtobe, und alle Ausgelaſſenheiten, die man von
einem ſo zügelloſen Volke nur erwarten kann,
zu treiben.

Der Ruf von der Anweſenheit dieſes berufenen Landbezwingers verbreitete ſich augenblicklich
durch den ganzen Ort, und zog eine Menge
Volks herbey, dieſe Rieſen zu ſehen, von welchen ſie ſo unglaubliche Thaten vernommen.
Es war nicht die bloße Neugierde allein,
ihn und ſein Gefolg in Augenſchein zu nehmen, wie dieſe gewöhnlich bey allen Leuten ent-
ſtehet, wenn ſie von der Ankunft auſſerordent-
licher Perſonen hören. Es waren gewiſſe gute Begriffe, die man ſich von ihm gemacht,

D 2   die

die auf eine Art von Wohlwollen hinausliefen,
und ihn faſt überall der gewiſſen Zuneigung
aller Leute, die nicht Jäger oder Gerichtsdiener
waren, verſicherten. Und dieſe entſprangen
theils aus ſeinem guten äuſſerlichen Anſehen,
als welches überall den ſchnelleſten Eindruck
zu machen pfleget; wie er denn auch in der
That nicht übel gebildet war, und mehrere
Lebhaftigkeit in den Augen, als man von einem
Menſchen ſeines Standes vermuthen konnte,
hatte, obwohlen ſie immer mit einem gewiſſen
unſtäten und mißtrauiſchen Weſen ihm auf allen Seiten herumgiengen; welches ihn einigermaßen entſtellte, eine Folge aber der beſtändigen Nachſtellungen, welchen er immer ausge-
ſetzt war, zu ſeyn ſchiene. Theils trug auch
die Bewunderung, welche er ſich durch ſeine
Fertigkeit mit dem Gewehre erworben, nicht
wenig zu dieſer Neigung, ſonderlich bey dem
gemeinen Volke, bey, und theils konnte ihm
auch von dem klügern Theile des Publikums
nicht abgeſprochen werden, daß es ihm, da er
ſich bey einer ſo verbottenen Lebensart, die er
noch über dieſes mit ſo ungeheuren Ausſchweifungen noch weit ſchwüriger vor ſich und
ſeinen Anhang gemacht, lange genug erhalten
und verwahret, und alle Anſchläge und gewaltſame Ueberfälle ſeiner Nachſteller theils mit

Liſt

List, theils mit offenbarer Gewalt abgewendet, an guten Gemüthsgaben nicht gefehlet habe.

Er wußte sich auch dieser guten Neigung, welche man von ihm hatte, bey aller Gelegenheit; und vornemlich auch bey dieser Bauren-Kirchweyh, zu seinem Vortheil zu bedienen, und seine Thaten und dabey gute Dienste, die er dem Landmanne leiste, aufs Beste herauszustreichen; wie er nemlich, was seine gewaltsame Widerstehungen wider die obrigkeitlichen Streifen belangt, gezwungen wäre, sein Leben, welches er auf keine andere Art schützen könnte, zu vertheidigen, und was das andere, oder die Aufräumung des Wildes beträfe, so käme dieses nicht ihm allein, sondern gröstentheils dem Landmanne zu statten, als dessen Gründe er vor den Verheerungen des Wildes sicher stellte.

Mit diesen und dergleichen rednerischen Blumen schmückte Hiesel auch damalen seine Predigt an die Bauren aus, die ihm alle mit aufgesperrten Mäulern zuhörten, noch weit mehr aber sich verwunderten, als sie ihn ein Wunderzeichen seiner Gewißheit und Fertigkeit im Schießen thun, und einer in der Zechstube von ohngefähr auf der Ofenstange sitzenden Henne den Kopf herabschießen sahen. Eine noch grössere Wunderthat ließ er, um ihre Er-

D 3 stau-

staunung auf den höchsten Grad zu treiben,
hierauf auf der freyen Straßen sehen; indem
ihm sein Getreuer, der Bube, ein Spiel Karten in einer Entfernung von einigen zwanzig
Schritten vorhalten mußte, welche er sodenn
mit eben der vorigen Richtigkeit mit einer Kugel durchlöcherte. Diese Geschicklichkeit nun,
welche von dem gemeinen Pöbel vor ein Mira-
kel ausgerufen wurde, erhielt nicht nur ihm
den allgemeinen Beyfall und Bewunderung,
sondern erwarb ihm auch Beystand und Vorschub von allen und jeden, ja sogar auch viele
Geschenke; indem sich ein jeder ein Vergnügen
daraus machte, diesem Wundermann mit etwas gefällig zu seyn, und ihm nach Vermögen mit einer milden Beysteuer sein Opfer zu
bringen.

Währender Verrichtung dieser Wunder-
dinge, und Einsammlung der ihm gebrachten
Opfersteuren, machte ihm seine ausgestellte
Wache zu wissen, daß so eben ein Reuter in
dem dortigen Amthause angelangt seye, und
vermuthlich der Vorbote einer nachkommenden
Streife seyn möchte. Obwohlen nun Hiesel
über diese Nachricht nothwendig in einige Unruhe versetzt werden mußte, so wußte er dieselbe doch äusserlich dergestalt zu verbergen, und
unter eine anscheinende Unerschrockenheit zu
verste-

verstecken, daß sowohl die umstehenden Bauren
nicht das mindeste von Veränderung an ihm
gewahr, seine Leute hingegen auf den Noth=
fall hin zu einer muthigen Gegenwehr zum
Voraus angefrischt wurden. Er befahl nun
sogleich der nemlichen Wache, die ihm diese
Nachricht gebracht, auf besagten Boten ein
wachsames Auge zu haben, und ihm bey seiner
Rückkehr das Pferd unter dem Leibe zu er=
schießen. Welchem Befehl zufolge von be=
sagtem wachthaltenden Wildschützen der Ein=
gang des Amthauses sofort mit der gräßten Au=
torität besetzt wurde: da aber seiner Aufsicht
ungeachtet der Reuter dennoch entwischte, so
zog dieser von seinem Posten ab, und durch=
spührte davor alle Gassen aufs genaueste.

Indessen rief Hiesel seine Leute durch ein ge=
gebenes Zeichen zusammen, hieß sie sich bewafnen
und stellte sie mitten auf dem Platze in Schlacht=
ordnung, um die ankommende Streife, aller
geschehenen Warnung ungeachtet, nicht nur zu
erwarten, sondern empfindlich zu empfangen.
Jeder mußte sein Gewehr auf dem Platze frisch
laden, und sie alle untereinander sich nach dem
Beyspiel ihres Oberhauptes zu einer verzweifel=
ten Gegenwehr anfrischen. Sie erwarteten
also den Angriff der Streife mit gesetztem Muth,

D 4   und

und da Hiesel ohnehin schon vorher von seinen
Anhängern heimlich von derselben Anruckung
vergewißert war, so kam zu mehrerer Gewiß=
heit die von ihm ausgestellte Schildwacht mit
der Anzeige zurück, daß die Streife nicht
mehr weit wäre, und brachte zu einem noch si=
cherern Zeichen ihm eine Flinte, welche er so
eben dem Osterlippischen Gerichtsdiener unter
Bedrohung des Todschießens abgenommen.

Inzwischen daß Hiesel diese tapfere That
lobte, und sich mit dem getreuen Dienste seiner
Leute groß machte, rückte ein Churbayrisches
Streifcommando auf das Wirthshaus in der
Meinung an, daß sich Hiesel mit seinen Leuten
noch darinnen befinde.

Auf den ersten, welchen Hiesel von diesem
Commando erblickte, schlug er mit eben dieser
noch in der Hand gehaltenen Flinte an, und
streckte ihn plötzlich zur Erden. Der Bub,
sein Getreuer, welcher ihm zur Seiten stund,
brannte ebenfalls seinen Stutzen auf einen an=
dern los, der durch diesen Schuß des andern
Tages seinem Kameraden den Weg in die E=
wigkeit nachfolgte. Die übrigen Wildschützen
feuerten indessen unausgesetzt auf die Streife zu.
Da aber ihre Salven von der Streife mit
nicht minderer Fertigkeit beantwortet wurden,
und

und Hiesel sich derselben nicht gewachsen zu
seyn bedunken ließ, so ermahnte er seine Leute
zum Abzug, auf welchem von den nachsetzen=
den Streifern gleichwohl noch mancher seinen
Theil von dem Feuer, welches Hiesel unauf=
hörlich auch auf der Flucht hinter sich zurücke
machte, bekam.   Dem ungeachtet aber wur=
den die Wildschützen bis zu Ende des Ortes
mit so gutem Erfolge begleitet, daß sie zween
von ihrem Haufen als Gefangene zurücklassen
mußte.   Mit welcher Beute sich auch die Strei=
fe begnügen ließ, und zurückzog.   Hiesel aber
nahm seinen Weg auf Memmingen zu, und hielt
sich des andern Tages samt seinen aus diesem Ge=
fechte entronnenen Kameraden in dem so genann=
ten Affenbad, seines Tags vorher begangenen Fre=
vels ungeachtet, nicht nur ganz ruhig auf, sondern
wurde noch überdieß von der großen Menge
Volkes, welches ihn zu sehen herbeygelaufen
war, nicht nur bewundert, sondern auch reich=
lich auf diesen harten Strauß beschenket.

So glücklich unser Hiesel indessen allen
seinen ihm bisher in diesen Gegenden aufge=
stoßenen Gefahren entgangen war, so traute er
doch diesem nemlichen Glücke nicht weiter.
Er sah, daß er alles wider sich in Harnisch
gebracht, und daß man sich von allen Seiten
her wider ihn erhube.   Darum entschloß er

D 5   sich)

sich klüglich dem vorhergesehenen Sturme aus-
zuweichen, und mit den Seinen diesen Theil
Schwabens, bis man seiner ein wenig ver-
gessen, auf einige Zeit zu verlassen.

Er zog sich also mit seinen Waghälsen
in die obern Gegenden dieses Landes, wo er
nicht so bekannt, und darum sicherer zu seyn sich
einbildete. Allein die gellende Ausbrüche seines Frevels, welche nach seiner einmal ange-
nommenen Staatsmaxime, alles mit Gewalt
durchzutreiben, unvermeidlich waren, brachten
auch daselbst bey Zeiten alles wider ihn in
Waffen, und erregten die nemliche Nachstellungen wider ihn von allen Seiten, welchen
er an andern Orten zu entgehen gesuchet.
Die Forstbediente und Jäger, denen er durch
Verheerung ihrer Waldungen einen gerechten
Unwillen erregte, stellten ihm mit so viel grös-
serm Muth nach, weil sie seine grausame Ahndungen in dergleichen Fällen, wovon sie zwar
aus dem allgemeinen Gerüchte gehöret, an
ihren eigenen Personen zur Zeit noch nicht
empfunden hatten. Sie wandten also allen
möglichen Fleiß an, seinen Wilddieberyen
Einhalt zu thun; Hiesel aber unterließ dagegen
nichts, ihnen die Erfüllung dieser ihrer Pflichten zu
verbittern, und sein vermeintes Recht mit der
nach-

nachdrüklichsten Gewalt zu unterstützen. Denn
er hieng dieser verbottenen Lebensart nicht,
wie andere Verbrecher, welche von der Un=
rechtmäßigkeit ihrer Thaten überzeugt, und
daher furchtsam und immer auf die Verste=
ckung oder Flucht bedacht sind, nach, son=
dern überredete sich und seine Anhänger, daß
er ein wohlhergebrachtes Recht dazu habe, in=
dem das Wild in dem Wald frey wäre,
und mithin niemanden als dem, der sich des=
sen am ersten bemächtige, zugehöre: welchen
Satz er auch in seiner Gefangenschaft durch
alle mögliche Gründe zu unterstützen und
geltend zu machen gesuchet.

Die Jäger hatten indessen ganz andere
Gesetze gelernet, und waren nach diesem
Rechte in ihre Dienste nicht aufgenommen
worden; weßwegen sie auch hierinnen Hieseln
gar starken Widerspruch hielten, und ihm
seine Nahrung so viel möglich versäurten.
Unter diesen ließ sich der landvogteyische Re=
vierjäger Eustachius Bitsch besonders ange=
legen seyn, Hieseln die Ausübung seines Grund=
satzes zu erschweren, hatte aber hierüber ein=
mal das Unglück, Hieseln nebst noch vieren
von seiner Kameradschaft in dem Walde auf=
zustoßen. Dem Jäger schien nun hier kein
gelegener Ort zu seyn sich mit diesen neuen
Juri=

Juriſten in eine Diſputation einzulaſſen; deß=
wegen er ſich lieber vor ißo geſchwind davon zu
machen, und viel ſicherer eine hinlängliche
Streife, die dieſer Rotte gewachſen wäre, auf=
zubringen gedachte. Hieſel aber, der von ſei=
ner guten Meinung allbereits Nachricht hatte,
war nicht geſonnen, ihn ſo ſchlechterdings ent=
wiſchen zu laſſen. Er eilte ihm alſo ſogleich
mit geſpanntem Geſchoß nach: da er ihn aber
nicht einholen konnte, rief er ſeine übrige Leute
durch ein gegebenes Zeichen zuſammen, die
dem Flüchtigen alſobald die Wege verrennten,
ihn gefangen nahmen, und ihrem gebietenden
Oberhaupte vorſtellten.

Der erſte Befehl, der von Hieſeln an ihn
ergieng, war, ſein Schießgewehr auf der Stel=
le abzulegen. Als dieſes aber nicht alſobald
geſchahe, ſo befahl er weiter ihm daſſelbe von
der Schulter abzunehmen. Alsdenn heßte er
unter den allerzierlichſten Flüchen und ſchreck=
lichſten Bedrohungen ſeinen Hund an ihn; der
ihn auch ſofort zu Boden riß, und ihm einige ge=
fährliche Biſſe beybrachte. Gleichwohl gelang
es ihm endlich ſich dieſer wilden Beſtie zu erle=
digen, und ſich wieder auf die Flucht zu ma=
chen. Allein der Weg ward ihm von den
vier Wildſchützen, die ihm überall mit bloßen
Hirſchfängern begegneten, verrannt. Dieſe
hieben,

hieben, wie es der Zufall gab, so lange und
so viel von allen Seiten auf ihn zu, bis er
davon unmächtig zur Erden niedersank. In
dieser Unwissenheit seiner selbsten ließen sie
ihn liegen, und begaben sich von ihm einige
Schritte ins Holz. Allein da sie vermerkten,
daß er wieder zu sich selber kam, so kehrten
sie mit gedoppeltem Grimme wieder nach ihm
zurücke, und ließen ihn durch den Hund wiederum zur Erden reißen, wo sie ihn sodenn erst seines
Hirschfängers und der bey sich gehabten Wand-
tasche beraubten. Der Zustand aber, worein
sie den armen Mißhandelten gesetzt hatten, war
diesesmal gar zu elend, und von einer solchen
Art, daß er auch bey Hieseln selber Mitleid
und Erbarmung zu erregen fähig war; leiden-
schaften, welche er bis daher entweder gar nicht
empfunden, oder wenigstens geflissentlich unter-
drückt zu haben schien. Er streute ihm also
zu Stillung des Blutes, wie ein anderer barm-
herziger Samariter, Schießpulver in die Wunden, und riß, ihn zu verbinden, ein Stück
von seinem eigenen Hemde: ja er gieng in seiner dießmaligen Leutseligkeit so weit, daß er einigen von seinen Gesellen befahl den auf den
Tod verwundeten Jäger in das Dorf zu einem Bader zu bringen, und vor seine Kur
Sorge zu tragen. Allein der beynahe mit dem
Tode

Tode ringende Jäger, der seine einzige Erqui=
ckung noch vor seinem Ende darinn, soweit
von diesen Vögeln, als möglich, entfernt zu
seyn, zu finden hoffete, bat sich diese allzugros=
se Höflichkeit und Gnade von Hieseln ab.
Und somit nahm dieser freche und fürchter=
liche Hauptmann auch mit seiner Schaar,
nachdem er ihm vorher noch unter den schreck=
lichsten Bedrohungen des Todschießens, wenn
er sich wider ihn oder seine Leute im ge=
ringsten eine Streife oder Nachstellung, was
vor Namen die auch haben möchte, anzustel=
len gelüsten lassen würde, eine eindringende
Abschiedspredigt gehalten, seinen von dem
Jäger höchstsehnlich gewünschten Abzug in
die Dicke des Gehölzes.

Dieser mitleidige Ansatz, den Hiesels
Herz erlitten, war indessen vor nicht vielmehr
als einen leichten Anfall eines Fiebers bey
ihm zu betrachten, indem er von seinen Ge=
waltthätigkeiten so wenig auf gelindere Sit=
ten zu kommen geneigt war, daß er vielmehr
bey der nächsten Gelegenheit, die sich ihm al=
sobald nach diesem Vorfalle äusserte, alles wie=
der, was er versäumt zu haben schien, herein=
brachte, wie davon Johann Hildebrand, Zoll=
ner zu Unterkirchberg, ein lebendiges Beyspiel
zu seinem grossen Leide abgeben müssen.

Hiesel

Hiesel zog in Begleitung sieben seiner
Trabanten ohngefähr auf einem seiner irren=
den Züge vor dessen Wohnung vorbey. Ei=
ner aus dem Nachtrab dieses Heeres blieb
natürlicher Ursachen wegen einige Schritte
zurücke, und ließ sich bey dieser guten Muse
einige Aepfel in dieses Zollners Garten gelüsten.
Er stieg darum ohne alle Weitläuftigkeit o=
der vorher anzufragen hinein, und pflückte ei=
nige Stücke. Allein der geizige Zöllner war
ihm alsofort auf dem Nacken, und verwies
ihm den Gelust nach den verbottenen Aepfeln
nicht nur derb als einen Diebstahl, sondern
nahm dem Wildschützen, nach der löblichen
Gewohnheit der Bauren, welche sich unter dem
Titel zu pfänden, berechtiget zu seyn glauben
einen Diebstahl mit Raub zu straffen, und zu
erwiedern, so gar darüber seinen Hut, und
jagte ihn aus dem Garten fort. Der so be=
schimpfte und beleidigte Apfeldieb klagte die=
ses, wie leicht zu glauben stehet, seinen
Gefährten mit grossen Erweiterungen, und
Hiesel eilte sofort mit seiner ganzen Armee,
um an dem Zollner eine nachdrückliche Ra=
che zu üben, auf dessen Behausung zu; wo
er unter dem Donner der erschrecklichsten Be=
drohungen zuerst den geraubten Hut abfor=
derte. Dieser ward ihm sogleich von dem
                                        ganz

ganz zerknirſchten Zöllner mit Zittern und Beben
in einer überaus reumüthigen Stellung entgegen
getragen. Hieſel aber ergrief ihn zuſamt dem Hu-
te, und warf beyde miteinander aus dem Haus unter ſeine Leute heraus; wo er der Wuth des
Hundes Preis gegeben wurde, der ihn alſobald bey der linken Schulter ergrief, und plöß-
lich zu Boden riß. Dieſes aber war nur erſt
der Anfang der ihm zugedachten Straffe. Alle
ſtürmeten mit entblößten Seitengewehren auf ihn
ein, ängſtigten ihn eine Zeitlang mit den gräßlich-
ſten Vorſtellungen des augenblicklichen Todes,
und bläueten ihn mehr, als er bedurfte, mit den
Schafften ihrer Flinten ab. Ja auch damit noch nicht zufrieden, und der beleidigten
Ehre ſeiner Leute und ſeiner eigenen Rach-
ſucht eine vollkommene Begnügung zu verſchaffen, ergrief er den mehr als halbtodten
Zöllner bey den Haaren, und ſchleppte ihn einen ziemlichen Weg bis mitten auf die Iller-
brücke, wo er ihn, wie er ſich aufs höchſte
vermaß, in das Waſſer hinunterſtürzen und
erſäufen wollte. Dieſes Urtheil würde auch
an dem Armſeligen ohne Zweifel vollzogen
worden ſeyn, wenn nicht einem von der Rotte
die gar zu erbärmlichen Umſtände dieſes Kerls
noch zu Herzen gegangen wären, daß er eine
vielvermögende Vorbitte vor das Leben dieſes
Sünders

Sünders bey Hieseln eingeleget, und damit
soviel bewürket hätte, daß er ihm endlich nach
noch einigen zum Angedenken ertheilten Rippenstößen liegen lassen, und seinen Weg weiter genommen.

Inzwischen hatte Hiesel Ursache auf seiner
Hut zu seyn. Denn er hatte Nachricht erhalten, daß man auch hiesiger Orten von Obrigkeit aus alle Anstalten so heimlich als möglich
vorkehrte, ihn unversehens aufzuheben. Allein
alle diese so heimliche Vorkehrungen wurden
ihm zeitlich durch seine Gönner, welche meistentheils die Dorfwirthe und Bauren waren, nicht
nur verrathen, sondern ihm auch sogar die an
diesen Unternehmungen arbeitende Personen
namentlich kund gemacht, und alle Vortheile
dawider zu arbeiten an die Hand gegeben.
Es war Hieseln also unverborgen, daß der
landvogteyische Streifer Bernhard Merk seine
Schritte von weitem aufs genaueste beobach-
te, um seine Maaßregeln darnach zu nehmen,
wie seine Verhaftnehmung am besten zu ver-
anstalten, und der Landesobrigkeit an Handen
zu geben wäre.

Hiesel fieng demnach seiner Schuldigkeit
gemäß alsobald an auf ihn Jagd zu machen; Merk aber vor ihm auf alle Art zu flie-

E   hen,

hen, und sich in Acht zu nehmen. Er entrann
ihm auch ziemlich oft und lange, endlich aber
ward er doch von Hieseln überlistet, und ihm durch
sein widriges Schicksal in die Hände geliefert.
Hiesel bekam nemlich Nachricht von einigen
seiner Getreuen, daß sich besagter Merk eben
zu Leutkirch befinde, und diese nemliche Nachricht that sogar das Haus hinzu, wo er sich,
nemlich bey dem Becken oder sogenannten Pfit-
telschneider, aufhalte. Alsofort wurden zween
von seinen Leuten abgesandt das besagte Haus
zu berennen, und den Streifer darinnen bis zu
seiner Ankunft indessen mit guter Art zu be-
wachen. Diese liessen sich mit ihm, nachdem
sie ihn auf eine schlimmvertrauliche Weise in
die Mitte bekommen, in ein Gespräch von einer rechten judassischen Freundlichkeit ein, und
erstreckten ihre Discurse, bey welchen dem
Streifer, wie leicht zu glauben, nicht allzu-
wohl zu Muthe war, so lange, bis ihr Hauptmann mit noch vier andern, um nach seiner
Art Gericht zu halten, angekommen.

Bey dem Eintritt sogleich befahl er seinen Leuten die Hausthür mit bloßem Gewehr
zu besetzen. Er selber aber trat mit gespanntem Stutzen und einer richterlichen Mine zur
Stube hinein. Sofort setzte er sein Gewehr

dem

dem bebenden Streifer auf die Brust, und
hielt es ihm lange genug vor, daß er glauben
konnte, er dörfte nunmehr von Angstschweiß
genugsam durchgebaizt seyn. Sodenn zog er
es zurücke, welches das Losungszeichen war,
auf welches die Uebungen mit entblößten
Seitengewehren auf den armen Streifer von
allen Seiten eindrangen, und ihn auf das er-
schrecklichste ängstigten. Endlich ward einer
befehlicht, den grossen Fanghund zu allem
Ueberflusse herbeyzuholen, um dem elenden
Schlachtopfer alle nur mögliche Quaalen zu
empfinden zu geben. Diesen hielt einer eine
geraume Zeit bey dem Halsbande, inzwischen
ihn die Uebrige, um ihn desto rasender zu
machen, anhetzten, bis er ihn mit einmal fahren und auf den schon vor Furcht schier todten Streffer losfahren ließ: und dieser zerrete
ihn auf eine so greuliche Art auch herum, daß
er unumgänglich hätte endlich erliegen müssen, wenn sie nicht durch das Flehen und Vorstellen der inzwischen herbeygelaufenen Wirths-
leute zu einigem Einhalt bewogen worden, und
endlich den Streifer gar laufen ließen, sich aber
den Rest desselbigen Tages noch in dem nemlichen Wirthshause rechtschaffen lustig machten,
und alle mögliche Streiche und Bubenstücke
verübten.

Wenige Tage nach diesem Vorfall wurde
Hieseln durch seinen Anhang verrathen, daß
der Reichsgräflich-Wurzachische Jäger in St.
Johann, Anton Werz, ein von ihm ange-
schossenes Wildkalb gefunden, und zu sich nach
Hause habe tragen lassen. Hiesel beschloß
demnach alsobald das Wildkalb selbst zu holen, und den Jäger ohne Kriegsankündigung
zu überfallen. Zu seinem grösten Glücke aber
war dieser, als der Anfall auf seine Wohnung
geschah, nicht zu Hause. Er forderte also
unter den greulichsten Flüchen, obwohlen ihr
kein Leid zu thun, sein Wildkalb von der Jägerinn. Denn man muß es ihm zum Ruhme
nachsagen, daß er sich gegen das Frauenzimmer, wie alle grosse Bezwinger, niemalen
mit Thätlichkeiten vergriffen. Mit Fluchen und
Drohen ihnen aber im Fall der Noth den
Ernst zu zeigen hielt er vor nicht unerlaubt,
weil er nicht glaubte, daß sie davon sterben
würden; wie denn auch diese Jägerinn keinen
Schaden deßwegen nahm. Sie läugnete ihm
nemlich herzhaft, weil sie ihres Schutzes in
Hiesels Höflichkeit gegen das Frauenzimmer
versichert war, daß sie von demselben das geringste nicht wisse, und wenn ja etwas daran wäre, so müßte es ihr Mann nur etwa bereits,
ihr unwissend, an die Behörde geliefert haben.

Gleich-

Gleichwohl aber, um es ihrem Mann nicht un=
gestraft hingehen zu laſſen, befahl er die in der
Stuben hangende Gewehre mitzunehmen: er
ſelber aber machte in eigner Perſon den vor der
Thüre angebundenen Schweishund los, nahm
ihn mit ſich, und zog mit ſeinen Truppen,
nachdem er der Jägerinn, wie gewöhnlich, das
Compliment ihren Mann todtzuſchieſſen hinter=
laſſen, wieder ſeine Wege davon.

Kurz nach dieſem erfuhr Hieſel durch
ſeine Ausſpäher, daß ein Bauer von Rieden,
Gräflich Zeil=Wurzachiſcher Herrſchaft, einen
Vorſchlag zu ſeiner Gefangennehmung, ja noch
überdieß ein Mittel vorgeſchlagen, wie der
gottloſe Hieſel gänzlich aus dem Wege geräu=
met, und das ganze gemeine Weſen von der
beſtändigen Furcht, in der es von ihm gehal=
ten worden, befreyet werden könnte. Das
überaus liſtige Project dieſes groſſen Bauren=
geiſtes beſtunde darinnen, daß man nemlich
den Ort des Aufenthalts des Hieſels und ſei=
ner ganzen Rotte ausſpühren, denſelben ſodenn
unterminiren, und das ganze Geſind miteinan=
der mit Pulver in die Luft ſprengen müßte.
Hieben fiel dem Baurenkopf im mindeſten nicht
ein, daß es unmöglich ſeye den beſtändigen
Aufenthalt einer ſtets umſchweifenden Bande

zu

zu erfahren, und nichts nützen würdr, wenn
man auch den Ort etwa ihres Nachtlagers
von etlichen Stuuden entdeckte. Denn ehe sie
dahin kämen, wäre es schwerlich zu erfahren,
ob sie eben da und nicht anderswo bleiben wür=
den: die Sache aber anzufangen, wenn sie
schon da wären, wer würde wohl das Haus
unterminiren wollen; zu geschweigen, wo man
einen solchen Narren von einem Hauswirthe
finden würde, der den Willen darein gäbe
sein Haus in die Luft sprengen zu lassen.

So närrisch inzwischen dieser Anschlag
war, so war er doch mächtig genug Hiesels
ganze Rache, nachdem er davon benachrichtiget
worden, zu erregen. Er schwur dem Bauren
auf der Stelle den Tod, und versprach sich im
Voraus sein Müthlein rechtschaffen an die=
sem ungehirnten Projectanten zu kühlen. Zu
diesem blutgierigen Vorsatze zog er seine gan=
ze Armee zusammen, und gieng damit, ohne
etwas von seinem Vorhaben zu sagen, auf das
Dorf dieses Bauren zu. Da erst entdeckte
er seinem Gefolge, als er bey dessen Hause,
das er sich zeigen lassen, angelanget, in wel=
cher Absicht er sich hieher begeben. Nach=
dem er zuvörderst alle Ausgänge desselben durch
seine Männer besetzen lassen, trat er nebst noch
zween

zween andern ganz bewafnet selbst in den Hof,
und erkundigte sich nicht in den süssesten
Ausdrücken nach dem Bauren. Sein Weib
versicherte ihn mit den heissesten Thränen, daß
ihr Mann nicht gegenwärtig wäre, sondern auf
die erste erhaltene Nachricht von seiner ver-
muthlichen Anherokunft sich flüchtig gemacht
hätte. Ob sie nun wohl dieses alles mit einer natürlichen Furcht und bebender Angst,
auch wohl vielleicht mit der Wahrheit also vor-
brachte, so ließ sich Hiesel doch nicht so leicht ●
durch Weiberthränen erweichen, oder durch ihre
Schmeichlungen abweisen. Er setzte unter
den härtesten Bedrohungen in sie, und suchte
das ganze Haus von oben bis unten durch.
Allein, da sich dem ungeachtet der Bauer nicht
finden ließ, so zerhieb Hiesel in seinem entbrannten Grimme alle Fenster in der Wohnstu-
be mit dem Hirschfänger, und tobte in seiner
Wuth, als ein anderer Ajax, wider unver-
nünftige und leblose Dinge immerfort, wie
sehr ihn auch das Geschrey zweyer unmündiger
Kinder, das Geheul des Weibes und das
Grinzen des alten Schwährvaters zu begütigen
suchte. Endlich nahm er ganz ermüdet von
seinem Fensterscharmützel von der Bäurinn,
nachdem er ihr vorher seinen gewöhnlichen
Seegen, daß er ihren Mann ohnfehlbar todt

E 4 schiessen

schiessen würde, gegeben, Abschied, und machte sich mit seiner Rotte fort.

Dem Bauren, der Hiesels guten Willen schon aus hundert Begebenheiten sattsam kannte, wurde durch dieses Exempel, das
dieser Tyrann an seinem Hause gestiftet, das
Herz desto mehr gerühret, und so in die Enge
getrieben, daß er keine andre Rettung und
Sicherheit seines Lebens als in der Gnade
des aufgebrachten Hiesels zu finden glaubte,
und deswegen mit Ernst bedacht war sich mit
ihm in Unterhandlungen einzulassen, und, es
möchte auch kosten, was es wollte, einen Frie-
den mit ihm zu schliessen. Diesem zu Folge,
wandte er sich an alle, von welchen er wußte,
daß sie bey Hieseln etwas vermöchten, mit dem
dringenden Ersuchen, bey ihm eine Vorbitte
einzulegen, und triftige Vorstellungen zu thun,
seinen so sehr entbrannten Zorn über ihn fahren zu lassen: ja er begleitete dieses Anbringen
sogar noch mit Geschenken, um demselben den
erforderlichen Nachdruck zu geben, und brachte
es endlich zu seiner grossen Beruhigung und
Herzensfreude soweit, daß ihm Hiesel Sicherheit
und Verschonung, jedoch unter der Bedingung
zusagte, daß er ihm mit seinem Wagen und
Pferden eine Parthie geschoßnes Wildpräth
nach

nach Leutkirch liefern sollte. Auf diesen Arti-
ckel wurde denn der Friede zwischen beyden
Theilen geschlossen, der Bauer hatte sich wieder der Sicherheit seines edeln Lebens zu er-
freuen, und fuhr des andern Tages nach ge-
troffenem Accord mit seinem Fuhrwerk nach besagter Reichsstadt unter der Bedeckung der
ganzen Hieselischen Armee ab.

Diese aber war kaum daselbst angelanget,
als ihr feindseeliges Geschicke auch dorten alsobald alles wider sie erregete: sogar war auch
ihnen aller Genuß der Ruhe, den sie den Wäl-
dern benahmen, selbst versaget. Eine Kay-
serliche Streife rückte, als sie sich kaum im
Wirthshause niedergelassen, auf diesen ihren
Aufenthalt an, um sie, wo möglich, aufzuheben. Gleichwohl aber befand der Anführer dieses Commando nicht vor rathsam, sie
in dieser ihrer Veste zu überfallen, sondern ihren Aufbruch abzuwarten, und sie sodenn in
einer offenen Feldschlacht anzugreifen.

Hiesel erhielt durch seine Ausspäher von
diesem Vorsatze des feindlichen Heeres alsobald
Nachricht, und machte deswegen, um bald an
den Tanz zu kommen, sofort mit seinen Leuten
Anstalt zum schleunigen Aufbruche. Er hatte seine Marschruthe nach dem Gräflich-Wur-

E 5 zachi-

zachiſchen Dorfe Rieden eingerichtet, und begab ſich alſo friſch aus ſeinem Gewahrſam
hervor. Allein er wurde alſobald mit einer ſo
ſtarken Salve aus Musketen begrüßet, daß er
vor dieſesmal Stand zu halten nicht vor dienlich erachtete, ſondern ſich mit ſeinen Leuten
ſo geſchwinde, als möglich, aus dem Staube
machte. Dieſes gelang ihm auch glücklich,
ſo, daß keiner von den Seinen vermißt, und
nur allein ſein getreuer Waffenträger, der Bube, an einem Fuße, und zwar ſehr ſtark, verwundet wurde. Nichts deſto weniger verlieſ-
ſen ſie ihn auch auf dieſem eilfertigen Abzuge
nicht, ſondern brachten ihn glücklich mit ſich
fort, und in ein unweit Memmingen gelegenes
einſames Häuslein, wo ſie ſeiner pflegten,
und ihn ſeiner Geneſung abwarten ließen.

Dieſer unangenehmen Begebenheit folgten bald mehrere, und die immer häufig her-
anbringende Streifen machten Hieſeln die daſige Gegenden ſo enge, daß er ſich, er mochte
wollen oder nicht, entſchließen mußte, ſie auf
einige Zeit zu verlaſſen, und ſich anderswo-
hin zuwenden. Man kehrte zwar von allen
Obrigkeiten alle mögliche Anſtalten vor, ihm
den Weg zu verlegen, und ihn mit ſeiner
Bande in Verlegenheit und in die Enge zu
brin-

bringen; allein er hatte durch seine Getreue
von allen wider ihn gemachten Anstalten so gute und zeitige Nachricht, daß er, der auf ihn
von allen Seiten laurenden Feinde ungeachtet,
in voller Sicherheit sich in die Gegenden von
Wildenroth herunterzog, und sein Spiel dort
wieder anfieng, wo er es oben gelassen.

Hier nun begunnte Hiesel seine Ausschweifungen weiter auszubreiten, und in seiner Boßheit und Rachbegierde gegen die Jäger und Verfolger seiner Bande sogar bis auf
die Jungen derselben herabzusteigen; wie dieses der Jägersjung von Wildenroth zu seinem
Schaden empfunden. Dieser befand sich nach
seiner aufhabenden Pflicht und in seinem Berufe in aller Sicherheit in einem Forst, der
Mühlhart genannt, wo er nachzusehen hatte,
und darneben, wenn ihm etwas aufstieß, pirschete.
Allein dieser Fuchsjäger fiel, ehe er sichs vermuthete, diesen Menschenjägern in die Hände.
Sie waren in allem sieben Mann stark, und
hatten drey Hunde bey sich. Er bot ihnen in
dieser Angst einen guten Abend, der mit aller
möglichen Freundlichkeit, die ihm vermuthlich
nicht allzusehr von Herzen gegangen, und voll-
kommener Unterthänigkeit ausgeschmücket war.
Allein ihr großer Dank davor klang gar in einem

nem groben Tone dagegen. Denn sie stürme-
ten alsofort mit großem Ungestümm, ohne ihm
etwas anders zu sagen, auf ihn ein, nahmen
ihm sofort sein Schieß- und Seitengewehr ab,
und ließen ihn, nachdem sie ihn vorhero fast
auf den Tod geprügelt, von ihren Hunden
nach aller ihrer Herzenslust, wie einen Lum-
pen, herum zerren, daß der arme Junge zuletzt vor übermachten Qualen in Ohnmacht fiele,
und dadurch von ihm abzulassen, diese böse
Buben endlich vermochte.

Dieses Spiel gefiel ihnen sowohl, daß
sie es an dem Ueberreuter zu Wildenroth, dem
sie ein gleiches Bad zugedacht hatten, auf der
Stelle fortzusetzen beschlossen. Sie verfügten
sich also in diesem Vorsatze nach seiner Wohnung. Zu seinem großen Glücke aber war
das Schlachtopfer dieser ihrer Rache nicht zugegen, sondern in den Wald gegangen, wo er
sich, unwissend, was indessen vor ein Schicksal über ihn in seinem Hause ergienge, mit
Schießen erlustigte. Sie verheerten also alles in der Hütte, und plünderten sie rein aus.
Gleichwohl aber, damit sie doch auch Spuren von ihrer Grausamkeit hinterlassen möchten, so machten sie sich über seine Mutter,
die allein zu Hause war, her, und ängstigten
sie

sie durch allerhand Erfindungen auf den Tod.
Sodann setzten sie ihren Weeg weiter, und
nach Jesenwang fort, wo sie wiederum Ge=
legenheit suchten, und fanden, ihre Rache
an einem andern Wildenrothischen Jägerjun=
gen auszulassen; als welchen sie, so viel er
nur ertragen konnte, erstlich abprügelten, und
sodann rein ausraubten.

Kein Staats=Minister hat jemals sei
nen Geschäften, noch ein Amtmann seinen.
wichtigsten Amtspflichten mit mehrerm Ernst
und Sorgfalt obgelegen, als Hiesel und sein
Gefolge sichs angelegen seyn ließen, ihre Wi=
derwärtige zu verfolgen, und ihnen das Leben
auf alle nur mögliche Art zu verbittern. Man
siehet auch aus dem bisher erzehlten, daß er
dieses nicht sowohl aus einem angebohrnen
Triebe zur Grausamkeit oder einem gewissen
Vergnügen, daß er an der Quaal der Men=
schen gefunden hätte, sondern vielmehr aus
einer eigenen Staatsraison gethan, welche ein
Grundgesetz seiner Bande gewesen zu seyn
scheinet, daß man sich nämlich seinen Fein=
den so furchtbar, als nur möglich, machen,
und ihnen keine wider sie gemachte Unterneh=
mung, wie gering sie auch seyn mögen, un=
gestraft hingehen lassen müße: welche Staats=
maxime

maxime auch in der That vieles darzu beyge=
tragen, daß sich Hiesel so lange bey seinem
Regiment, und in dieser gefährlichen Lebens=
art, von welcher man nicht glauben sollen,
daß sie nur einen halben Sommer hätte wäh=
ren können, erhalten. Denn die Exempel
haben zu allen Zeiten einen großen Eindruck
in die Gemüther der Menschen gemacht, und
unter vielen Tausenden, denen die strenge Ra=
che dieses tyrannischen Wildschützens vor Oh=
ren kommen, waren nur sehr wenige, die sichs
gelüsten ließen, etwas wider ihn zu unterneh=
men, und sich einer gleichen Gefahr, die ih=
nen augenblicklich über dem Kopf schwebte,
auszusetzen.

Den ersten Grad ihrer beständig in Be=
reitschaft stehenden Rache hatten die Jäger
zu empfinden. Der zweyte aber war denen
Soldaten von den Contingentern aufgehoben,
als wider welche beyde Sorten von Leuten Hie=
sel und sein Anhang einen natürlichen Abscheu
hatte. In dem nämlichen Jahre und eben in
der Zeit der Erndte befand sich dieser ehrba=
re Hauptmann mit einigen von seinen Getreuen
auf dem Lechfelde, wo eben neben andern Ar=
beitsleuten drey Hochfürstl. Augspurgische
Creyscontingent = Soldaten mit Einbringung
der

der Früchte beschäftiget waren. Die armen
Soldaten waren in keiner üblen Meynung da,
und lediglich in voller Arbeit begriffen, neben
ihrem Sold einen Pfenning zu verdienen, ohne an Hieseln zu gedenken, geschweige denn
ihm was in den Weg zu legen; als er sich
unversehens mit vier Wildschützen, zween Buben und eben so viel Hunden vor ihren Augen
sehen ließ. Die Musketierer waren mit keinem Gewehr versehen, und ohnehin vermuthlich nicht sehr aufgelegt, sich mit diesen Wage-
hälsen auf Leib und Leben herumzuschlagen,
mithin deßwegen um so mehr in Verlegenheit.
Hiesel aber machte die Sache bald lebhaft,
indem er auf einen derselben zueilete, seinen
Hirschfänger entblößte, und mit der flachen
Klinge und diesen Worten: Treff ich dich hier
an, Hund! über den Buckel, und wo es hin
kam, unfreundlich genug begrüßte. Nachdem
er denen genugsam abgehobelt, machte er sich
über einen andern her, und zerarbeitete ihn dergestalten, daß ihm der erste nicht vorzuwerfen
hatte, er habe zu wenig bekommen. Die ü-
brige Hieselische Trabanten machten sich inzwischen über den dritten von diesen Kreissoldaten,
und trieben ihn dergestalten mit Schlägen,
Stößen und Hieben um, daß er davon acht
Wunden bekam, deren die meiste sehr gefähr-
lich

lich waren. Nach diesem Auftritt fiengen sie
erst mit allen dreyen zusammen eine Haß an,
indem sie dieselbe den Hunden Preis gaben,
und sie von denselben so lange und so viel
herumreißen ließen, bis sie ihrer Meynung nach
genug bekommen, und ihr gebietendes Oberhaupt endlich ein Ende an dem Spiel zu machen befahl.

Mit diesen und andern dergleichen über-
triebenen Ausgelassenheiten scheinet Hiesel
nicht nur die Rechte der Gesellschaft und Na-
tur, sondern auch die Gebote der Menschlich-
keit überschritten, und sich diejenige bittere
Schicksale, die ihn hernach zu betreffen an-
gefangen, nicht nur sich selber gezeitiget, sondern auch wohl verdienet zu haben.

Bey Gelegenheit dieser auf dem Lechfelde gehaltenen Hatze, wird es nicht undien-
lich seyn, etwas von dem Herkommen und Be-
schaffenheit seines beruffenen großen Hundes,
der dem Range nach die dritte Person in dieser
vornehmen Gesellschaft vorstellte, zu erwäh-
nen. Er ist wirklich würdig, sowohl als sein
Herr und der sogenannte Bube durch gegenwärtige Geschichte der Vergessenheit entzogen,
und auf die spate Zeiten gebracht zu werden,
sowohl als jenes berühmte Kriegsroß, der
steiffe

steiffe Roßinante, welchen Don Quixote bey
allen seinen so berufenen Abentheuren geritten,
und verdienet ein nicht minderes Aufmerken,
als der berühmte Bucephalus des großen Alexanders, obwohlen er kein herrliches Grabmahl von Parischem Marmor, wie dieses
Fürsten Leibpferd, bekommen, sondern vielleicht seine Haut irgend einem Schinder zur
Erbschaft hinterlassen müssen, zum ganzen
Lohn seiner Treue und Verdienste gegen seinen
Herrn, nach einem gemeinen Schicksal unsers
jetzigen Zeitlaufes, welcher die Verdienste an
Menschen und Vieh nicht anderst zu belohnen
pflegt.

Dieses unsers berühmten großen Fanghunds Personalien also anzufangen; so befand sich in Bayern, eine Stunde oberhalb
Maßringen, eine Mühle, Otto Mühl genannt, allwo der Müller, weil er von den
Hieselischen Gewaltthätigkeiten vieles vernommen, sowohl zu seiner eigenen Sicherheit, als auch, welches von dem Müller
sehr kühn war, allenfalls zu Beyfahung besagten beschrienen Hiesels, sich diesen Hund
zulegte, und ihn wie eine Tochter auf seinem Schooß erzog, durch gutes Füttern
groß und leibig machte, und zu seiner Absicht

F

sicht

ſicht in ſeinen noch beugſamen und zarten Jahren mit allem möglichen Fleiße eines treuen Leh-
rers abrichtete. Seine Phyſiognomie betreffend,
ſo hatte er einen großen Kopf, ſtarke
Schnauße, lebhafte Augen, große Pfoten,
und war ungefähr wie ein großes Kalb,
oder kleiner Eſel, oder junges Füllen, größer oder kleiner, wie es alle die, die ihn
geſehen, bezeugen können. Seine Wuth
und Kräfte kamen mit der Größe ſeines
Leibes überein, und ſein Fell war bräun-
lich und ſchwarz geſprengt, wie die ge-
wöhnliche Livrey der Fleiſchershunde iſt.
Dieſes nur eben beſchriebene Ungeheuer richtete der Müller alſo ab, daß er ſich im
Falle eines Angriffes ſowohl ſeiner annahm,
als auch bey ergebender Gelegenheit andere
anpackte, und ſollte dieſes, wie oben geſagt, hauptſächlich den Bayriſchen Hieſel
gelten, als mit deſſen Gefangennehmung ſich
der Müller, angezeigter maßen, einen Namen zu machen, in ſeinem ſtaubichten Kopfe vorgenommen.

Hieſel hatte inzwiſchen von dieſem wider ihn geſchmiedeten Anſchlage und dem
auf ihn erzogenen und abgerichteten Hunde
die allergenaueſte Nachricht eingezogen, und
brann-

brannte vor Begierde, diesen ihm so mäch=
tig beschriebenen großen Hund in seiner Ge=
walt und zu seinem Gebrauche zu haben,
indem er nicht uneben urtheilete, daß eine
solche Bestie ihm in hundert vorkommenden
Fällen bey seiner halsbrecherischen Lebensart
nüßliche Dienste leisten könnte.

Er säumte sich also nicht zu dem Be=
siße dieser liebenswürdigen großen Bestie zu
gelangen. Da er wußte, daß ihn besag=
ter Müller, der ihm ohne Ursache so auf=
säßig war, und sich ihn von freyen Stü=
cken und ohne Beruf darzu zu haben zu
fangen angemaßet, von Person nicht kann=
te; so gieng er geraden Weges auf seine
Mühle zu, und sprach bey ihm ein. Un=
erachtet er gar keinen müllerischen Anzug
anhatte, so gab er sich dem ungeachtet vor
einen Mühlknecht aus, und bot dem Mül=
ler seine Dienste an. Dieser aber entweder,
daß er keinen Knecht brauchte, oder an
diesem sonderbaren Mühlknecht ein Beden=
ken fand, schlug dieses Anerbieten aus.
Worauf ihn Hiesel ersuchte, ihm etwas zu
essen zu verschaffen: welches der treuherzige
Müller nicht nur verwilligte, und ihm al=
sobald etwas auftragen ließ, sondern sich

auch,

auch, um ihm bey der Mahlzeit Gesellschaft zu leisten, zu ihm hinsetzte.

Inzwischen der verstellte Hiesel nun nach aller Bequemlichkeit tischte, brachte er unvermerkt das Gespräch auf den Bayrischen Hiesel, und redete von ihm als einem ihm sehr vertrauten Gesellen und braven Kerl, der sich so meisterlich aus allen ihm bis daher gelegten Stricken herauszuwickeln, und aus so vielen Gefahren und Nachstellungen so mit List als Muth zu helfen gewußt, und machte endlich des Lobens und Rühmens von Hieseln so viel, bis dem heldenmüthigen Müller das Herz im Leib entbrannte, so daß er endlich herausbrach, wie er sich vor seine Person aus Hieseln gar nichts mache, und sich lediglich mit Beyhülfe seines großen Fanghundes, den er geflissentlich auf diesen Erzdieb und Wildschützen abgerichtet, diesen so berufenen Land- und Leutstöhrer sich zu fangen getraue, und dieses sollte ihm darzu nicht viele Mühe kosten ins Werk zu richten.

Hiesel stellte sich hierüber ganz erstaunt an, und setzte mit heftigem Anliegen in den Müller, ihn doch diesen Wunderhund, von

dem

dem er sich so viel verspreche, sehen zu las=
sen. Der Müller that anfangs spröde,
und ließ sich lange bitten, ehe er ihm in
diesem Begehren willfahrte. Endlich aber
gab er dem so gar inständigen Gesuche des
vermeynten Müllerknechts, der ihm auch mit
der Ehre, einen so seltenen Hund zu haben,
meisterlich liebkosete, nach, und holte den
Hund aus seinem Stalle, wofinnen er ihn
wegen seiner Bissigkeit beständig eingesperret
gehalten, um ihm dieses Wunderthier zu
zeigen. Der Hund war kaum in die Stu=
be gekommen, als er alsobald zu murren
anfieng, die Zähne bleckte, und den angeb=
lichen Müllersknecht, weil er einen grünen
Rock anhatte, mit gar nicht guten Augen
ansahe. Dem Müller, der sich hieraus
einer Ungelegenheit besorgte, war hierbey
nicht gar wohl zu Muthe. Er warnete
deswegen seinen Gast, und suchte den Hund
wieder aus der Stube zu schaffen. Allein
dieses war er nicht mehr im Stande.
Denn ehe er es sich versahe, fiel der
Hund mit dem größten Ungestümm Hieseln
an, und suchte ihn in der unsinnigsten
Wuth zu Boden nieder zu reissen, wo er
ihm dann, allem Ansehen nach, noch übler
zu warten im Sinne hatte. Alles Rufen,

F 3 Schla=

Schlagen und Zerren, welches der Müller
an seinem rasenden Hund vornahm, war
vergebens, und schien die Bestie nur noch
erhitzter zu machen, so daß der Müller in
der äußersten Angst war, und nichts mehr
vor sich zu haben glaubte, als den Kerl
zerreissen zu lassen, oder aber den Hund
auf der Stelle zu erschießen.

Allein die Geschicklichkeit dieses ver-
kappten Mühlknechts, der sich in diesem
Thierkampf als ein anderer Simson erwies,
machte, daß man nicht nöthig hatte, es
weder zu dem einen noch andern von diesen
äußersten Mitteln kommen zu lassen. Er
gab nemlich während dieses Herumbalgens
mit dem Hunde auf seinen Vortheil so
wohl acht, und besaß so viel Gegenwart
des Geistes, daß er ihm die Hand geschickt in Rachen brachte, und ihm im
Augenblick denselben sperrte. Sodenn warf
er ihn vollends zu Boden, und band ihn
mit einem bey sich gehabten Stricke an,
führte ihn zu des Müllers äußerstem
Erstaunen aus dem Hause hinaus, und
gieng mit ihm auf den in der Nähe liegenden Wald zu, wo er seinen bezwungenen
Feind einem daselbst auf ihn wartenden
Wild-

Wildschützen zur Verwahrung übergab, dem Müller aber dieß tröstliche Abschiedscompliment machen ließ, daß er heute den Bayrischen Hiesel zum erstenmal, seinen Hund aber zum letztenmal gesehen habe.

Nach diesem rühmlichen Siege begab er sich weiter, und frolockte nicht unbillig über seine Beute, von der er sich treflichen Nutzen versprach, sowohl, als er hernach bey seinen Leuten über den lächerlichen Müller spottete, der sich, in der Absicht ihn zu fangen, keine Kosten noch Mühe dauren laſſen, ihm einen treflichen Hund zu verschaffen, den er um schweres Geld nicht wieder hätte missen wollen.

Dieser Hund also und sein neuer Herr schickten sich dermaßen in einander, daß nichts darüber war, und stiffteten eine so genaue Freundschaft, Uebels zu thun, daß es fast nicht zu glauben. Denn der Hund verstund die Augenwinke seines Meisters auf das genaueste, spührte alles um ihn herum aus, wußte sogar, als ob er den Teufel hätte, unter einer Menge Leute, worunter sich Hiesel mit ihm oft befand, diejenigen genau zu unterscheiden, von denen sich sein

Meister

Meiſter etwas zu befahren haben durfte.
War es aber ſicher, ſo lag er ihm ruhig entweder zu Füßen, oder auf dem Tiſche, wiewohl ihm die Augen immer im Kopfe herum
fuhren, und auf alle Seiten ſowohl, als ſeinen Herrn giengen; ſo daß man in gewiſſer
Maaße ſagen konnte, der Hund habe ein ſo
wenig gutes Gewiſſen gehabt, als der Herr,
und der Meiſter und Jünger ſeye einer ein
Spißbube geweſen, wie der andere.

Von dieſem abentheurlichen Hunde ſind
ſowohl oben einige Thaten angeführt worden,
und wird noch weiter einiger gedacht werden, indem er ſein Leben keineswegs, wie andere Hunde, im Dunkeln, und einem fau-
len Müßiggange verſtreichen laſſen ; ſo daß
er, wenn man ſeiner Lebensbeſchreibung einen
eigenen Band widmen ſollte, unter den groſſen Hundegeiſtern einen anſehnlichen Plaß be-
haupten würde.

So ein großer Renommiſte nun dieſer
Hund unter ſeines gleichen geweſen, und ſo
vielen Unfug er unter dem Commando ſeines
Herrn begangen, ſo fand er doch gleichwohl
auch ſeinen Mann zu Zeiten, den er am we-
nigſten davor anſahe: wie ihm dieſes zu In-
genried

genrieb von einem unedeln und schlechten
Kramers Hund wiederfahren; von dem er in
einem Hunde-Zweykampf überwunden worden.

Hiesel befand sich mit einigen seiner
Trouppen in dem Wirthshause des besagten
Dorfes, wo auch neben andern Fremden und
Einheimischen ein Landkramer mit erwehntem
seinem Hunde anwesend war. Hier bekam
nun Hiesel Lust, die Größe und Stärke seines Hundes vor den Leuten leuchten zu lassen, und hetzte ihn über den Kramers
Hund, in Meynung, daß er mit diesem in
einem Augenblicke fertig werden würde. Allein das Glücke, welches sich ein Vergnügen
daraus macht, die Stolzen zu demüthigen,
gab auch in diesem Stücke ein Beyspiel, daß
sich weder Mensch noch Hund auf seine Kräfte zu verlassen habe, und ein jeder Starke einen noch stärkern und seinen Mann finde.
Denn der große Riesenhund des Hiesels
konnte nicht nur dem Kramershund nichts
anhaben, sondern wurde von ihm endlich
über und über geworfen, und mußte vor seinem Gegner, welches ihm noch nie wiederfahren, den Boden küssen. Allein hierüber
entstund ein ungemeiner Lärm und allgemei-
ner Krieg. Hiesel befand sich in der Per-

F 5 son

fon feines Leibhundes beleidiget, und fuchte
diefe feine Niederlage, wiewohl wider alle
Billigkeit und Kriegsgebrauch, an dem
Herrn des Hundes zu rächen. Er gieng
über diefes, zu feiner ewigen Schande, in
feiner Ungerechtigkeit fo weit, daß er auch
die neutrale Zufchauer und den unfchuldigen
Wirth in feine Sache verwickelte, und die
Fenfter, Gläfer und Krüge in der Stube
zerfchmiß, die Thüre einhieb, und Stühle
und Bänke zufammentrat. Welches Verfahren er nimmermehr mit einem Beyfpiel
aus den Rittergefchichten zu befchönigen im
Stande feyn wird, und welches weder in
gleichen Fällen der große Roland, noch Pe-
ter von Montauban, oder einer von den zwölf
Pairs in Frankreich, oder der Ritter vom
brennenden Stempel jemahls gethan, oder
wenn fie es auch gethan hätten, der kluge
Zauberer Merlin, oder der weife Alquif, oder
die unbekannte Urganda es gebilliget haben
würde.

In diefer allgemeinen Verheerung, welche Hiefel alfo in feinem ungerechten Eifer
über das Wirthshaus ergehen laffen, gieng
es dem Kramer, wie man fich leicht einbilden kann, nicht zum beften. Er prügelte
                                        ihn

ihn nicht nur eigenhändig erschrecklich ab, und
ließ ihn durch seinen Hund zerfetzen, sondern
er öfnete, um seine Unthaten auch mit einem
Raube noch mehr zu beschmitzen, des über-
mannten Kramers Tragkorb, und nahm vor
sich und seine Soldaten einige Paar Schuh-
schnallen auf eine gar unlöbliche Art, nach
seiner Meinung aber, als eine gute Beute daraus und mit sich fort.

Mit diesen und andern hierauf erfolgten
und ohne alle Noth verübten Unthaten machte
Hiesel allgemach das Maaß seiner Bosheit
voll, und nahete sich mit starken Schritten
dem Ende seiner Bahn, auf der er bisher so
ziemlich ungestraft fortgelaufen.

Zu Ende des Wintermonats in dem
nemlichen siebenzehnhundert und siebenzigsten
Jahr beehrte er auf dem Lechfeldkirchlein das
untere Wirthshaus unter währendem Gottes-
dienst mit seiner unvermutheten Gegenwart,
und traf daselbst, nebst noch einem andern, einen Kayserl. Königlichen Werbsoldaten an.

Hiesel, dem alle dergleichen Leute alsofort verdächtig schienen, und schon ihrer Montur wegen verhaßt waren, ergrimmte alsofort
bey dem ersten Anblick desselben, und stellte
sich

sich in voller Wuth und mit gespanntem Hahnen unter den ausgesuchtesten Flüchen zu ihm
vor den Tisch, und kündigte ihm den Tod an,
mit dem weitern Vermelden: Alles seye wider
ihn, Kayser, König und Pabst mache sich
ihn zu verfolgen auf. Allein, wer es auch
seye, der ihn angreife, wider den wehre er
sich gleichfalls bis auf den letzten Blutstropfen.

Mit diesen Worten hetzte er seinen Hund
an den Werber, um ihn durch denselben zu
ängstigen und zerfleischen zu lassen. Allein
eine Sache, die sich noch niemals begeben
hatte, trug sich dazumal zu Hiesels eigener
höchster Verwunderung zu. Der Hund war
weder durch Hetzen, noch Locken, noch Drohen zu bewegen, dem erschrockenen Soldaten
das mindeste Leid zu thun. Ja, als ihn
Hiesel zu sehr antreiben wollte, den Werber
anzugreifen, so machte er Mine, viel eher
auf seinen Herrn selber loszugehen, als diesen Menschen im geringsten zu beleidigen. In
diesem Lärmen und Geschrey hatte Hiesel indessen sein Schießgewehr auf einen Tisch vor
sich geleget: welcher Gelegenheit sich der Werber bestens bediente, und ehe sichs Hiesel versah, zur Thür hinaus wischte. Hiesel verfolgte ihn aber auf der Spur, und schien
durch

durch die sonderbare und ungewohnte Aufführ-
rung seines Hundes gegen besagten Soldaten
dergestalt gerühret, daß er diesen Menschen
nicht nur mit Thränen um Vergebung dieser
an ihm begangenen Mißhandlung bat, sondern ihn auch um seine Freundschaft ersuchte,
und ihn vermochte, daß er wieder mit ihm
in das Wirthshaus zurücke kehrte; wo ihm
Hiesel aus einem besondern Triebe einer unge-
wöhnlichen Großmuth ein Glas Wein auf seine Kosten einschenken ließ.

So gut aber, wie dieser Kayserl. Werber, kamen zween Irseische Soldaten, die er
zu Ketterschwang ertappt, nicht davon; indem er besonders auf dieses Reichsgotteshaus
einen heimlichen Groll hatte, weil von dem
dortigen Oberamte aus einige seines gleichen
gefangen und nacher Kempten, um abgestraft
zu werden, geliefert worden.

Hiesel setzte sich sofort mit seinem Gefolge, welches aus zwölf Mann bestand, in dem
Wirthshause besagten Dorfes, wo sich auch
eben die zween Soldaten, die da im Quartier
lagen, befanden, zu Tische, wo sie allesamt
ihre Gewehre vor sich hin geleget. Hiesel
hatte zugleich seinen Hund zu sich gerufen,
und fieng eine Predigt über die ihm entgegen-
stehende

stehende Obrigkeiten, vornemlich aber über
besagtes Oberamt in solchen Ausdrücken an,
daß es eine Schande dergleichen zu hören, geschweige denn zu schreiben war. Nach Endi-
gung derselben sprang der Hund mit einemmal,
ohne daß man eigentlich gewußt, von wem er
angehetzt worden, auf, und auf einen von
besagten beyden Soldaten los, den er sofort
bey den Schultern anpackte, etwas in die Höhe hob, und mit großer Gewalt zu Boden
riß.

Der andere Soldat, der sich aus dieser
Antrittspredigt schon nichts gutes vermuthete,
war indessen aus der Stube entflohen, und
suchte sich von diesen bösen Buben soweit als
möglich zu entfernen. Allein die Wildschützen, die in der Vermuthung stunden, daß
er lärmen machen möchte, setzten ihm nach,
und umzingelten ihn auf allen Seiten; da sie
ihn gefangen nahmen, und, um über ihn
Gericht zu halten, ihrem Obersten wieder in
die Stube vorführten. Er wurde zuerst mit
allerhand der ausgesuchtesten Drohungen bis
auf den Tod geängstiget, sodenn mit Schlägen bis zur Uebermaße heimgesuchet, und endlich fiel das Urtheil dahin aus, daß ihm zwar
nicht der Kopf, jedoch aber zum Angedenken
und zur Warnung der Haarzopf vom Rum-

pfe gehauen werden follte. Und diefer Ur=
theilsfpruch wurde auf der Stelle an dem ar=
men Geplagten vollzogen.

Ein anderes Erempel feiner ernften
Strenge, wenn man es wagte, feinen Be=
fehlen nicht die genauefte Folge zu leiften, ließ
Hiefel in diefem nemlichen letzten Jahre feiner
Regierung an einem Baurenhof fehen; wo
er Fenfter und Oefen einfchlagen ließ, weil die
Bäurinn deffelben vor dreyzehen von feinen
von der Jagd ganz ausgehungerten Freybeu=
tern nicht genugfam Effen zugerichtet hatte.
Er tobte und wütete dergeftalt, daß die ganz
erfchrockene Bäurin nicht anderft glaubte,
als der jüngfte Tag würde kommen: bis ihr
endlich ihr guter Engel ein herrliches Mittel
eingab, diefe Wütriche zu befänftigen. Sie
bot nemlich den äußerften Kräften ihrer Küche
auf, und richtete eine folche Schüffel voller
Knötel an, die hinlänglich war, die bellende
Mägen diefer hungrigen Wölfe zu befriedigen:
und fo bald diefes gefchehen war, war der
Einbruch des jüngften Tages nicht weiter zu
befürchten.

Es ift angenehm zu bemerken, was vor
ungezwungene Wege die natürliche Gerichte
nehmen,

einen Verbrecher, der sich nach und nach zu
der Strafe reif gemacht, seinem Verderben
zuzuführen, ohne daß sie sich fast anderer äus-
serlicher Werkzeuge, als der Verstockung und
Verblendung, welche eine lasterhafte Lebensart allezeit unzertrennlich zu begleiten pflegen,
bedienen. Hievon siehet man nicht sowohl
ein Beyspeil, als eine Bestärkung dieser
Wahrheit, an Hieseln und seinem Gefolge.
Denn je mehr Bosheiten sie begiengen, und
je ungestrafter sie dieselbe vollführten, je sicherer wurden sie, anstatt ihre übermachten Bosheiten zu beherzigen, oder einiges Mißtrauen in
ihr bisheriges fast allzugroßes Glück zu setzen,
und zu befürchten, daß es sie doch einmal verlassen könnte, oder vielmehr, da sie es so oft
versuchten, verlassen müßte. Was war nemlich natürlicher, als daß Leute, die täglich,
und von allen Seiten verfolgt wurden, und
die, um ihren Unterhalt zu haben, stündlich
neue Uebelthaten, um sich der Strafe der schon
begangenen zu entziehen, begiengen, endlich
einmal ihre Schanze versehen, oder einer ü-
berlegenen Macht in die Hände fallen mußten. Da man endlich aus der Erfahrung
klug wurde und einsehen lernte, daß ihnen mit
weniger Mannschaft nicht beyzukommen wäre,
so wurden die wider sie ausgeschickte Streifen
merklich

merklich verſtärket. Dieſem alſo zu begegnen
fand Hieſels ſonſten faſt gränzenloſe Vermeſ=
ſenheit und nicht ſelten glückliche Liſt weiter
keinen Rath, wenn er mit ſeinem Reiche be=
ſtehen wollte, als ſeine Macht gleichfalls zu
vermehren. Dieſes aber war vor ihn eine
Sache von der größten Schwürigkeit und den
gefährlichſten Folgen; denn zu dem Unterhalt
einer zahlreichen Mannſchaft ſchaffte ein ſo lie=
derliches Handwerk, als das Wildſchießen
iſt, nicht die nothwendige Mittel an die Hand.
Hieſel mußte alſo auf andere und einträgliche=
re Quellen bedacht ſeyn, Lebensmittel vor ſein
zahlreicheres Kriegsheer auszufinden: und
was konnten dieſes vor andere ſonſten ſeyn,
als ordentliche Raubereyen, die zwar mehr
und bälder Geld verſchaffen, aber deſto ge=
fährlicher waren; indem ſie mehr Aufſehen er=
weckten, andere Arten von Leuten, die es bis=
her mit ihm gehalten, mißvergnügt machten,
und ſie von ihnen abzuſtehen bemüßigten, und
mithin deſto ſchleuniger ſeinen Untergang be=
fördern mußten; indem ſie den allgemeinen
Abſcheu des ganzen menſchlichen Geſchlechts
nach ſich zogen.

Von dieſer Art war ſein gewaltſamer Ue=
berfall des Amthauſes zu Tefertingen, einem

G unweit

unweit Augsburg gelegenen Dorfe, und die
Beraubung deſſelben; welche, wie ſie alle
vorhergegangene Uebelthaten des Hieſels ü-
bertroffen, alſo auch zu ſeinem bald hernach erfolgten Falle ohne Zweifel das mei-
ſte beygetragen hat.

Es wurden den 16. Nov. 1770. auf
geſchehene Anzeige in dem Amte zu Tefertingen drey falſche Spieler, namentlich Joſeph Ortlieb, ein Sattler von Großkizigho-
fen, Erasmus Sauer, ein Brauknecht le-
diges Standes von Zusmarshauſen, und
der Hofpitalaugsburgiſche Täfernwirth, Joſeph Säckler von Hürblingen, Abends zwiſchen acht und neun Uhr von dem Amte aus
mit Civilarreſt beleget. Tages darauf aber,
als den 17. Nov. Vormittags zwiſchen ſieben und acht Uhren fanden die beyde, Joſeph Ortlieb und Erasmus Sauer Mittel,
ſich heimlich davon zu ſchleichen und auf
die Flucht zu machen: da ſie denn nicht
ermangelten, den bayriſchen Hieſel aufzuſuchen, ihm ihre Noth zu klagen, und ſich
ſodenn gar unter ſeine Völker zu begeben,
um ſowohl mehrere Sicherheit vielleicht bey
ihm, und auch vermuthlich Gelegenheit zu
finden, ſich allenfalls mit Hülfe dieſes be-
ruſenen

rufenen Buſchklopfers zu rächen. Hieſel,
der ſich wahrſcheinlicher Weiſe zu einem ſol‐
chen Tanze nicht lange pfeifen ließ, ver‐
ſprach dieſen beyden Neuangeworbenen ganz
leichte ihnen Genugthuung zu verſchaffen.
Dem zu Folge rückte er den 14. Decembr.
eben deſſelben Jahres Vormittags zwiſchen
neun und zehn Uhr mit ſeiner Bande, die
wenigſtens achtzehn Mann ſtark war, vor
das Amthaus, in welchem eben der Ober‐
vogt Heß im Amtieren begriffen, und ne‐
ben ihm der Schreiber Sauter und Unter‐
vogt Sailer von Lützelburg gegenwärtig war,
und beſetzte es auf die verwegenſte Weiſe
mit ſeinem Anhange auf allen Seiten der‐
geſtalt, daß man ihre frevelhafte Abſicht
ſattſam im Voraus abnehmen konnte.

Alſobald drangen einige dieſer Böſe‐
wichter, unter welchen Hieſel einer von den
erſten war, in die Amtſtube mit Gewalt
ein, und wandten neben andern vor, daß
ſie das den Spielern bey ihrer Gefangen‐
nehmung abgenommene Geld wieder abho‐
len wollten: zugleich aber fiengen ſie an,
ſich nicht wie Menſchen, ſondern als tolle
und raſende Beſtien zu bezeugen. Das er‐
ſte, was ſie von dem Obervogt auf die ra‐

ſendeſte

sendeste Weise forderten, war, daß er die
zwey in der Amtsstube befindliche Schreib-
pulte, er mochte wollen oder nicht, öfnen
mußte. So bald als dieses geschehen, fielen sie nicht anders, als wie hungrige Wölfe, auf dieselbe los, durchwühleten dieselbe
gänzlich, und raubten alles darinnen befindliche Geld, seines noch so freundlichen Zu-
redens und Abmahnens ungeachtet, bis auf
den letzten Heller. Da nun seine, des O-
bervogts, Vorstellungen bey diesen zween
Schreibtischen vergeblich abgelaufen, so suchte er mit seiner nicht geringen Gefahr ein
drittes, worinnen sich Herrschaftliche Gelder
befanden, zu retten. Er drang sich also
mit Gewalt durch den ganzen Haufen dieser
in ihrem Raube begriffenen Strauchdiebe,
und versuchte es, dasselbe zuzuschließen,
Allein er bekam alsogleich einen dermaßen
harten Schlag von der flachen Klinge eines
bloßen Hirschfängers, daß ihm das Blut
haufenweis über die Hand zu rinnen anfien-
ge. Zu gleicher Zeit umzingelten ihn und
seine schwangere Frau neun Kerl, theils mit
gespannten Büchsen, theils mit blanken
Hirschfängern, und hielten ihnen beständig
die Mündungen und Spitzen ihrer Gewehre unter beständigem Bedrohen des unfehl-
baren

baren Todſchießens, wenn ſie ſich ihren Befehlen im geringſten widerſetzten, auf die
Bruſt.

Bey ſolchen Umſtänden mußte der O-
bervogt lediglich thun, was ſie haben wollten, und alle ſowohl in der Amtsſtube, als
ordentlichen Wohnſtube befindliche Schränke
aufſperren; woraus ſie alles, was ihnen
anſtund, nahmen. Die Heiligen- und Ge-
meinsſchränke wurden allein verſchonet, jedoch aber gleichwohl in der närriſchen
Wuth der tollen Leute zum öftern mit dem
bloßen Hirſchfänger darauf zugehauen. Was
aber das Uebrige anbelangt, ſo fand nirgends kein Salvus Conductus ſtatt, auch
ſogar bey den Hoſen nicht, indem ſie alles,
das wenige Geld ſogar, das der Obervogt
und Amtsknecht bey ſich hatten, hergeben
mußten.

Ein gewiſſer unter dieſem feindlichen
Schwarme befindliche Kerl, der ſich durch
ſeinen ſchönen rothen Bart von den übrigen
unterſcheidete, und der Sage nach ein löb-
licher Schneider von Schlipsheim geweſen
ſeyn ſolle, machte es am allerbunteſten, und
war der allergrauſamſte und ärgſte, ohner-
achtet es keiner ſparte ungeſtümm zu ſeyn.

G 3   Der

Der Untervogt Sailer war der erste, welcher den Hiesel mit seiner Bande in den Amthof einmarschiren sahe, und schrie alsobald mit einer sterbenden Stimme: Der Hiesel kommt mit aller seiner Mannschaft! Der Schreiber Sauter aber flüchtete sich in diesem ersten Schrecken hinter einen Verschlag in der Amtsstube, und hörte im Verborgenen alles, was vorgieng, mit an, betete auch mit herzbrünstiger Andacht vor seinen Herrn Obervogt und ihn selbsten, sie aus den Händen dieser blutdurstigen Tyger zu erlösen, wie man es ihm leicht glauben kann.

Ein Henkersschwerdt, welches in der Amtsstube, vermuthlich als eine Antiquität, an einer Säule aufgehängt war, rissen sie herunter, und warfen es zu Boden, ließen es sich aber nicht belieben, dasselbe mitzunehmen; indem sie vermuthlich glauben mochten, daß ein jeder Henker, mit dem sie dereinst zu sprechen kommen würden, schon ohnehin mit einem versehen seyn würde.

Während dieses Hauptsturmes und der Eroberung des Amthauses, bey welcher sich der Untervogt bey Zeiten in Sicherheit gesetzet, war ein Detaschement von der Hauptarmee

armee abgegangen, um den Tefertingiſchen Untervogt in ſeiner Wohnung aufzuſuchen. Sie
fielen zweymal mit entblößten Gewehren in
ſein Haus, und ängſtigten ſein Weib nicht
wenig, indem ſie ſchlechtweg von ihr wiſſen
wollten, wo der Scherg ſeye? Sie aber
ſchützte ihren Mann mit der Ausflucht, daß
er in der Stadt wäre, und machte es ihnen
ſelber endlich glaublich. Allein, dem ungeachtet, und ohne ſich an die Abweſenheit des
Hausherrn zu kehren, gewannen ſie Luſt das
Häuslein ebenfalls auszuplündern. Zu allem Glücke des Untervogtes aber kam Hieſel
eben ſelber von dem Amthauſe herbey, und
ſchrie ſeinen Leuten, die eben in die Hütte
einzudringen im Begriffe waren, worunter
ſich obberührter rothbartiger Schneider von
Schlipsheim abermal am geſchäftigſten erwieſen, (wie ihn denn auch die Untervögtinn
ſehr eigentlich vor dieſen erkannt, und bey dem
Amte zuverläßig angegeben) gleich von ferne
zu, halt zu machen, maßen der arme Teufel
ſelbſt ja nichts hätte.

Es befanden ſich um die nemliche Zeit,
da dieſes alles in dem Amthauſe vorgieng,
eine ziemliche Anzahl Zehenddreſcher, in den
beyden Städeln des Amtes. Allein dieſe hat-

ten

ten, so wenig Lust, und durften es so wenig
wagen, ihrem Amt zu Hülfe zu kommen, daß
sie vielmehr vor ihre eigene Haut in nicht
geringen Sorgen stunden. Maßen sich einer
unter ihnen mit Namen Georg Geschwill,
befand, welcher einige Wochen vorher die
auf die schöne Anzeige des Wirths von Hueb-
lingen festgesetzte falsche Spieler verwachet.
Dieser Geschwill hatte sich aber, sobald er
das Wetter aufziehen gesehen, auf Anrathen
seiner übrigen Cameraden unter das Stroh
so tief verkrochen, daß er des fleißigen Nach-
forschens der Hieselischen Tyrannen ungeachtet, nicht gefunden wurde: widrigenfalls ihm
von ihnen, allem Ansehen nach, seine gelei-
stete Wachtdienste, ungeachtet sie auf Befehl
des Amtes geschehen, sehr übel eingetränket
worden seyn würden.

Den Schreiber Sauter wollten sie beständig haben, um ihn zu massacrieren, wie
sie sagten, und er mußte dieses in seinem
Schlupfwinkel so nahe hören, daß ihm das
Mark in den Gebeinen gestunde. Nicht minder verlangten sie den Untervogt von dem O-
bervogt zu haben. Dieser aber verrieth keinen
von beyden, und der Untervogt war, wie es
sich hernachmals wies, wirklich damalen in
der

der Stadt, wie diese Dinge in Tesertingen vorgiengen. Da sie nun endlich, was das Tesertingische Amthaus belanget, und mit dem Obervogt desselben bald vollend fertig und in Richtigkeit waren, so gaben sie ihm noch eine andere Nachricht, worüber er, wie er sagte, in großen Schrecken gerathen, daß sie nemlich auch den Gerichtsvogt von Kriegsha= ber heute den nemlichen Tag auf eben diese Weise überfallen, und noch ärger mit diesem, als mit ihm, Obervogten nemlich, umspringen wollten.

Endlich nahm diese ehrbare Gesellschaft ihren längstgewünschten Abschied. Allein, sie waren kaum aus dem Hause gewichen, als Hiesel mit zween seiner Cameraden nochmals zurücke in die Amtsstube kam, wo er noch et= was, wie er sagte, und zwar dieses anzu= bringen hatte, daß der Obervogt seinen silbernen Hirschfänger und eine alte Flinte an ihn noch mit fünfzehen Gulden auslösen sollte.

So denn machte er in der Amtsstube selbsten den endlichen Beschluß, an dieser gan= zen Tragödie, mit diesen bedenklichen Wor= ten in bester Form: „Hund, daß du es weist, „ich werde vielleicht heute noch oder Morgen

„wieder

„wieder zu dir kommen; und wenn ich indeſ-
„ſen erfahre, wo dein ſacram. Schreiber ge-
„weſen, und daß du von dieſem Handel Lär-
„men macheſt, oder etwas deiner Herrſchaft
„anzeigeſt; ſo müßet ihr alle im Hauſe zu-
„ſammen ſterben, zur Satisfaction mir aber
„zuvor noch tauſend Gulden geben.‟ Hiermit führte ſich die ganze löbliche Compagnie
ab, nachdem ſie einen anſehnlichen Raub, der
ſich, laut eidlich beſchworner Ausſage, und
übergebener Deſignation über zwey tauſend
Gulden belaufen, daſelbſt gemacht, und mit
ſich fortgebracht haben.

Aus dieſer ſaubern That hatte Hieſel,
bis auf das weitere, dieſen Vortheil zu ziehen,
daß er ſich und ſeine Cameradſchaft ſicher vor
eine Bande Spizbuben ausgeben, und nunmehr alles kecklich auf Galgen und Rath hin-
wagen durfte. Dieſes that er auch, wie es
einem rechtſchaffenen Räuber zuſtehet, und
verſchönerte dieſen kaum verübten Raub mit
einem nicht viel beſſer als ordentlichen Tod-
ſchlage, den er an dem Amtsknecht von Agawang verübte.

Dieſes Schlachtopfer ſeiner Ausgelaſſenheit ließ er zu Unternefsried, wo er eben trank,

aus

aus dem daſelbſtigen Wirthshauſe durch ſeine
Leute mit Gewalt unter dem Vorwande her-
aushohlen , daß er ſich von ihnen zu einem
Wegweiſer nach Agawang brauchen laſſen
müße. Von dem Wirthshauſe dieſes Dorfes bis nach Agawang war jeder Schritt, den
er mit ihnen machen mußte, eine eigene, und
neue Mißhandlung. Flintenſtöße und Hiebe
von ihren Hirſchfängern wechſelten immer mit
einander ab. Als nun der elende Amtsknecht
unter der Menge der vielen Wunden ſchier erliegen wollte; ſo ergrimmte ihre Wuth erſt
deſto heftiger. Sie ſtürmten alle zuſammen
auf ihn ein, und ſtießen ihm die Hirſchfänger
in den Leib. Sie würden auch nicht eher von
ihm abgelaſſen haben, als bis er wircklich dahin geweſen, wenn nicht zween von ihnen be-
hauptet, daß er bereits mauß todt wäre. Er
hatte auch in der That acht Wunden auf dem
Kopf, und unter dieſen drey tödtliche, nebſt
verſchiedenen hinten an der linken Hand , wodurch zween Finger faſt gar abgehauen, die
übrigen drey aber ſehr verletzt waren. Ein
Stich war ihm durch die Balle der nemlichen
Hand gegangen, und mehrere dergleichen durch
beyde Füſſe , die Hauptwunde durch die linke Seite des Leibes nicht gerechnet. Dieſes
alles aber würde bey ihnen doch noch nicht
hin-

hinlänglich gewesen seyn, von diesem Armen,
den sie doch schon vor todt hielten, völlig ab=
zulassen, wenn nicht endlich ein in dem Dorfe
hierüber entstandener Auflauf an der Raserey
dieser bösen Buben ein Ende gemacht hätte.

Hiesel aber, der sich hierdurch in seiner
Rache gehindert sahe, entbrannte darum de=
sto heftiger wider die Bauren, die ihn dar=
inn gehindert hatten, und insonderheit wider
den Pfarrer desselben Ortes so, daß er ver=
schiedene Salven unter das Volk geben ließe,
den Pfarrhof des letztern aber mit seinem Ge=
folge ganz umringte, die Fenster einschoße,
und die Fensterkreutze einschluge, den Pfarrer
selbsten aber auf das allererschrecklichste lästerte,
und sodann, nach dem er sein Müthlein auf
diese Art gekühlet, die Belagerung des Pfarr=
hofes aufhube, und sich mit seinen Gesellen
fortmachte.

Nach diesen Geschichten dachte Hiesel
daran, daß ihm von dem Herrn Baron von
Rackeniz, dessen Förste er ebenfalls öfters
durchstöbert hatte, nachgestellet würde, und
ihm bereits einige seine Beyfahung betreffende
Anstalten entdecket worden wären. Da er aber
eine Gelegenheit sich an diesem Herrn selbsten
zu

zu reiben nicht so leichtlich haben konnte, so
ließ er es dessen Staabsamtmann, der ihm
eben in den Weg kam, entgelten; in=
dem er auf denselben, weil er ebenfalls an
denen wider ihn gemachten Anstalten großen
Antheil nahm, und mithin ihm und seiner
Bande eine verhaßte, und nach ihrer Mey=
nung strafbare Person war, so daß sie ihm
nicht weniger als seinem gnädigen Herrn den
gewißen Tod mehr als einmal geschworen hat=
ten, nicht weniger ergrimmt war.

Dieser Amtmann war in gewißen An=
gelegenheiten in das Kloster Medlingen ge=
kommen, und in dem untern Wirthshause
des Dorfes, wo er indessen sein Pferd gelas=
sen, abgestiegen, und hatte sich sofort in das
Kloster begeben. Hiesel ward in dem nämli=
chen Augenblicke von der Ankunft des Beam=
ten benachrichtiget, und ertheilte alsofort zween
von seiner Gesellschaft Befehl, sich des Pferds
zu versichern, und dasselbe zu ihm in das obere
Wirthshaus des nämlichen Dorfes, wo eben
sein Hauptquartier war, zu bringen. Diesen
Befehl vollzogen die beyde in aller Eile mit
gespannten Hahnen an ihren Gewehren, zween
andere aber wurden zugleich in das Kloster
selbsten abgefertiget, mit dem Bedeuten, daß
sie,

sie, wenn sich der Amtmann von Haunsheim
nicht stehenden Fußes aus dem Kloster fortma-
chen würde, befehligt wären, das Kloster zu be-
stürmen, und den Amtmann mit Gewalt heraus zu holen. Diese empfindliche Anforderung
wurde ihrer Unannehmlichkeit wegen zweymal
dem Amtmann, der eben mit den Ordens-
geistlichen zur Tafel saß, verhalten. Das
drittemal aber konnte man der dringenden
Nothwendigkeit wegen nicht umhin, ihn diese seine Person betreffende Aufforderung wissen zu lassen.

Es ist sich unschwer einzubilden, mit
was vor einer Gemüthsbeschaffenheit der Amtmann ein Compliment von dieser Art, und
unter solchen Umständen, in denen er sich gegenwärtig befande, aufgenommen haben werde. Er wandte sich deswegen an den Pater
Prior des Convents, und ersuchte ihn in diesen andringenden Nöthen um Schutz. Diesen ließ ihm auch der Geistliche angedeyhen,
und sandte deme zu folge zween von seinen
Ordensleuten als Mittelsmänner zu Hieseln,
um ihn, wo möglich, auf gelindere Gedanken zu bringen, und die Sache in der Güte
beyzulegen. Hiesel aber war damals nicht in
der Laune, sich zu etwas Billigem, zu verstehen,
sondern blieb auf seinem ersten Begehren, unter

ter den erſchrecklichſten Flüchen, daß er den
Amtmann heraus haben müße.

Nach Verlauf einer Viertelſtunde endlich, ſo lange nämlich dieſer erſte Friedens-
congreß gewähret, kamen die Väter mit der
Nachricht ins Kloſter zurücke, daß Hieſel von
ſeiner Forderung nicht abzubringen, und mit
großer Mühe endlich noch ſo weit zu bewegen
geweſen ſey, daß er wenigſtens den Amtmann
ſprechen müßte. Bey dieſem Laufe der Sachen, war alſo, um den Amtmann nicht den
äuſſerſten Gefahren auszuſetzen, nichts weiter
zu thun, als den Hieſel ſelber in das Kloſter,
und alſo zu der verlangten Unterredung mit
dem Beamten, an einem wenigſtens nicht ſo
gefährlichen Orte, als vor welchem Hieſel doch
einige Ehrfurcht beybehalten würde, weil es
doch nicht gänzlich abzulehnen war, zuzu-
laſſen. Gleichwohl aber, weil der Amtmann
vor dieſer Conferenz einen ungemeinen Abſcheu hatte, wurde Hieſeln noch einmal Vorſtellungen gethan, um ihn von dieſer Forderung abzubringen. Allein, dieſer drohete
mit einem Worte, wo man ihm nicht unver-
züglich willfahren würde, das verarreſtirte
Pferd des Beamten im Wirthshauſe in Stücke zerhauen, oder durch ſeinen Hund zuſammen reißen zu laſſen.

Mit-

Mithin war nichts anders zu thun, als nachzugeben. Hiesel wurde also mit noch einem seiner Cameraden in das Kloster gelassen. Er selber war mit einem Kugelstuzer bewafnet, seine Gefährte aber mit einer Flinte, die er immer gespannt hielte, versehen. Die beyde aber begleitete über dieses der ungeheure Hund.

So fort wurden diese drey ehrliche Herren in ein Zimmer geführet, in welches kurz hernach der Beamte ebenfalls in Begleitung zweener Ordensmänner eintrat, nachdem ihm diese vorher die nothwendige politische Regel wohl eingebunden hatten, diesen Unthieren ja nichts zuwidersprechen. Bey dem Empfange, welchen Hiesel mit vielem Ungestümme begleitete, fragte er vor allen Dingen den Amtmann, wer er seye, und ob er nicht vielleicht selber der Freyherr von Rackeniz wäre? welches aber der Amtmann verneinte, und ihm sagte, daß er der Beamte desselben seye, und nun vernehmen wollte, was Herr Hirsel mit ihm zu sprechen verlange. Der Geselle des Hiesels fieng alsobald an die Sache hizig vorzutragen, und seinen Gebiether noch mehr aufzuhezen, welcher denn auch seine vorige Bedrohungen vermehrt und verbessert

ſert wiederholte, ſein Pferd durch ſeinen Hund
zerreiſſen laſſen wollte, ihn ſelber aber, ſobald
er nur einen Fuß vors Kloſter hinaus zu ſetzen ſich gelüſten laſſen würde, ohnfehlbar
kalt zu machen verſicherte, indem ſeine Leute
aller Orten daſſelbe umzingelt hielten. Ein
gleiches hätte er ſeinem Herrn und deſſelben
Cammerdiener zugedacht, und endlich ſchloß
er mit der Verſicherung, daß wenn ſein Herr
ihn und ſeine Bande zu verfolgen nicht nach-
laſſen würde, ſo ſollte er verſichert ſeyn, daß
er ihn, wenn er ihn anderſt nicht bekommen
könnte, in ſeinem eigenen Schloſſe erſchießen
wollte.

Die Väter des Kloſters legten ihre Vor-
bitten mit aller Beredſamkeit vor das Leben des
Amtmanns bey Hieſeln ein. Allein, wenn
ſie denſelben einigermaßen beſänftiget, und ge-
rührt zu haben hoften; ſo erregte der Geſelle
des Hieſels dieſen wieder auf das neue, und
machte den guten Vätern alle ihre wohl ver-
wandte Mühe zu nichte; ſo daß die gute Herren alles mögliche zu thun hatten, um die Sache nicht zu Thätlichkeiten kommen zu laſſen.
Endlich gerieth Hieſel in eine Art einer Be-
geiſterung, und hielte darinnen eine mit den
ungebührlichſten Ausdrücken wider die Obrigkei-

ten ausgezierte Rede, worinnen er, wie er die
Sache ansehe, die Unbilligkeit, welcher sich
dieselbe schuldig machte, nach seiner Meynung
bündig darthat, daß sie sich nämlich so
ernstlich seinen Unternehmungen und Zusam:
menrottierungen widersetzten, als die er ledig:
lich seiner eigenen Sicherheit wegen, und als
eine Nothwehre ergreiffen müßen, da man
ihn in seinem vermeynten Berufe mit Gewalt
stöhren wollen, welcher doch so wenig strafbar
wäre, daß er vielmehr löblich und nothwen:
dig schiene, indem er das übrige und un:
nütze Wild verdünnerte, und die Felder vor
dessen Verheerungen sicher stellte; nicht zu ge:
denken, daß, nach seiner Meynung, das Wild
niemanden zugehöre, frey seye, und hiermit
dem ersten, der sich desselben bemächtige, zum
Eigenthum heimfalle. Das Ende dieser lehr:
reichen Predigt machte er damit, daß er durch:
aus haben wollte, der Amtmann sollte mit
ihnen aus dem Kloster und in das Wirths:
haus kommen, um ihm, wie er gar offen:
herzig sagte, den verdienten Lohn daselbst vor
seine wider sie gemachte Anstalten zu geben.

Allein die beyde Vorsprecher des beäng:
stigten Amtmanns thaten hier abermals so
kräftige Vorstellungen, daß Hiesel allgemach

von

von diesem Begehren abzustehen anfieng, auf
Anhetzen seines Cameradens aber auf einen
andern verzweifelten Einfall, nämlich dem
Amtmann zur Straffe wenigstens das Pferd
zu erschießen, verfiel. Allein, auch wieder die=
ses geschahen von den beyden Geistlichen wei=
tere Vorstellungen, welche endlich so viel
fruchteten, daß sich der Begleiter des Hiesels
vermerken liesse, daß der Beamte sein Pferd
mit Geld lösen müsse.   Dieses war nun et=
was, worauf man sich in Tractaten einlassen
konnte.   Der Amtmann war gar wohl zufrie=
den auf diese Art aus diesem verdrießlichen
Handel zu kommen, und zog den Beutel mit
Freuden.   Da denn nach Auszahlung zwan=
zig Bayerischer Thaler der Friede vollkommen
geschlossen, und der grimmige Hiesel mit dem
Beamten aufrichtig ausgesöhnet wurde, je=
doch mit diesem Anhange, daß er sich, so lieb
ihm das Leben seye, nicht mehr unterstehen
sollte, das Geringste wider ihn oder seine Leu=
te, weder mittelbar noch unmittelbar zu unter=
nehmen oder an Händen zu geben.

Hierauf hielt sich Hiesel noch einige Zeit
in dem Kloster auf, und begab sich sodenn
ganz beruhiget und gut auf den Amtmann zu
sprechen, in sein Wirthshaus zurück, von

welchem

welchem er verſprochenermaßen dem Amtmann
ſein Pferd, welches aber wáhrender Friedens-
handlung indeſſen von den übrigen ſehr übel
mißhandelt worden, zurück ſchickte, und ihm
vermelden ließe, daß er nunmehr ſeine Straſſe
ſicher, wenn es ihm beliebte, ziehen könnte.

Kurz nach dieſem Auftritte um das Ende des nämlichen Jahres ſchiene es, als ob
Hieſel dieſen Jahrgang mit einem Bauren
von Haunsheim, Johann Ortlieb, zu eben
gedachtem Medlingen beſchließen wollte. Dieſer Bauer war mit noch zween andern ſeinen
Schwägern von ungefähr in das Wirthshaus
gekommen, und hatte ſich in der obern Stube, um ſich mit ſeinen Gefährten bey einem
Trunk Bier zu erluſtigen, an den Tiſch ge-
ſetzt. Sein Unglück hatte aber eben vorher den
Hieſel mit zwölf ſeiner Cameraden hinzuge-
ſchlagen. Dieſer trat alſo zu dem Bauren
vor den Tiſch, und fragte ihn, ob der Rackeniz die Wildſchützen noch einfangen wolle?
Der Bauer antwortete, er wiſſe von dieſem
nichts. Gleichwohl, erwiederte Hieſel, möchten einige Bauren in Haunsheim ſeyn, die
ſich an ihn zu wagen Luſt hätten. Hieſel hatte nämlich von einigen ſeiner Kundſchafter,
die er aller Orten hatte, erfahren, daß dieſer
Bauer

Bauer ſich ſolle haben verlauten laſſen, wenn
er allein mit Hieſeln zu thun hätte, ſo wollte er ihm wohl den Meiſter zeigen. Hieſel
bezüchtigte ihn alſo gerade zu, daß er einer
von dieſen wäre. Der Bauer verſtummete
über dieſes, und antwortete nichts. Einer
aber aus der Bande, den ſie den Gärtner
nannten, fragte hierauf bey Hieſeln an, ob
er anpacken ſollte. Und dieſer gab ſodenn den
Befehl mit dieſen Worten darzu: So packet
denn den Hund an!

Auf dieſes fielen alſobald zween von dem
Haufen über den Bauren her, und ſchlu-
gen greulich auf ihn los. Allein, da er ſich
gegen dieſe beede mit ziemlich glücklichem Erfolg wehrete, ſo zogen die umſtehende Wildſchützen die Hirſchfänger, und hieben ihn ü-
ber die Kreuß und Queer über den Kopf, daß
es gleichſam Wunden auf ihn regnete. Hieſels Büchſenſpanner, oder der Bube,
ſtund indeſſen mit geſpannten Hahnen dabey,
und noch drey andere hatten Hieſeln, als eine
Leibwache mit bloßen Gewehren in der Mitten. Fünfe aber hatten eigentlich mit dem
Bauren zu thun, und hieben ihn erbärmlich
durcheinander. Nichtsdeſtoweniger erwehrte
er ſich dieſer ſo ſehr überlegenen Macht gleich-

wohl

wohl gut genug, und kam dreymalen wieder
unter ihnen auf die Füße. Worauf ihm
Hiesel zuschrie: warte Kerl, weil du dich so
gut wehren kanst, so will ich meinen Hund
eines mit dir versuchen lassen! Indeme gieng
die Stubenthüre von ungefähr auf, und der
arme Bauer bediente sich in diesen äußersten
Nöthen eines so glücklichen Kunstgriffes, daß
er in dem nämlichen Augenblicke zween von
seinen Quälern zur Thür hinaus warf, und
nach ihnen ebenfalls durch die Thür kam,
und zu entweichen vermeynte. Allein, die=
ses brachte ihn in ein größeres Unglück;
denn Hiesel hetzte, um ihn auf der Tenne auf=
zuhalten, seinen Hund ihm nach: und dieser
faßte ihn auch augenblicklich beym rechten
Ohr, und riß ihn mit einemmal zu Boden.
Sofort machte sich Hiesel in eigener Person
über ihn her, und zerschlug ihm mit seinem
großen an dem Finger steckenden silbernen
Raufringe die Augen dergestalt, daß nebst ei=
ner ungemeinen Geschwulst, die sofort auf=
fuhr, die Menge Bluts und Wassers daraus
floß. Die übrigen aber schlugen mit den
flachen Klingen ihrer Hirschfänger ohne Unter=
schied auf ihn zu, und trampelten ihm mit den
Füßen auf dem Leibe herum. Letztlich stürz=
ten sie den halb todten Bauren die Stiege ü=
ber

ber Hals und Kopf herunter in die untere
Tenne; wo sie ihn auf ein neues mit Schlägen
und Stößen mißhandelten.

In diesen äußersten Drangsalen sammel=
te der Todtschwache den Rest seiner noch übri=
gen wenigen Kräften zusammen, und entfloße
endlich gleichwohl noch in einen nächst dem
Wirthshause gelegenen Stadel: wohin ihn a=
ber vier oder fünf dieser Mörder verfolgten,
und daselbst auf das frische wieder in ihn zu
hauen und zu springen anfiengen. Endlich,
da er keiner Anzeige einiger Gegenwart des
Lebens mehr von sich gab, verließen sie ihn.
Gleichwohl aber, da sie schon im Abzug be=
griffen waren, fiel es einem dieser Bösewich=
ter ein, wieder umzukehren, um ihm noch ei=
nes zu versetzen. Er rief deswegen den andern
zu, daß sie warten möchten, bis er ihm noch
eines zum Abschied hinterlassen. Allein, die=
se versetzten, der Hund wäre schon todt, sie
wollten hingehen und es den Uebrigen auch so
machen. Worauf sie endlich ihren Abmarsch
nahmen. Der sogenannte Bub aber blieb
noch eine geraume Zeit unferne von ihm mit
gespanntem und angeschlagenem Gewehr stehen,
um ihn zu erschießen, wenn er einiges Lebens=
zeichen noch an ihm vermerken würde. End=

H 4   lich

lich als dieſer ſich auch entfernet, rafte ſich der
arme Menſch auf, ſo gut er konnte, und
ſchlich ſich in das nächſte Baurenhaus, von
da er verkleidet nacher Haus geſchaft, und
dieſen Unthieren vor dießmal aus den Zähnen
gerückt worden.

Nach dieſen Frevelthaten hielt ſich Hieſel nicht weiter ſicher in dieſen Gegenden, und
zog ſich deswegen mit dreyzehen bewafneten
handfeſten böſen Buben in die obere Gegenden Schwabens, um zu verſuchen, was vor
Unfug er da anrichten könnte.

Er kam alſo zu Ende des Jahres 1770.
zu Etchingen in dem Wirthshauſe zu der Kro-
ne an, in der Abſicht, daſelbſten über Nacht
zu bleiben. Dieſer wackere Feldherr entklei-
dete ſich alſo ſelber bis auf die Hoſen, und
ſchickte ſeine Schuhe, welche das Flicken
höchſt nöthig bedurften, zum Schuſter.

Mittlerweile, als ſie nach aller Bequemlichkeit zu Nacht geſpeiſet, ſo hängten die Uebrigen ihre Flinten an die Ofenſtangen herum.
Hieſel aber behielt ſeinen Stutzen, woran er
ſehr wohl that, bey ſich, und legte ihn hinter ſich zu rechte. Sodann erſt fieng er mit
ſeinen Cameraden an mit Würfeln zu ſpielen.

Sie

Sie waren in der besten Ruhe zusammen,
und ließen sich nichts weniger träumen, als
daß sie in wenigen Augenblicken einen blutigen
Schauplaß zu betreten hätten. Ein starkes
Streifcommando der Reichsstadt Ulm hatte
ihre Marschruthe ausgespührt, und war ihnen in aller Stille und mit so guter Ordnung
nachgejaget, daß die Wildschüßen die Gegenwart desselben nicht eher vermerkten, als bis
von denenselben zwey Schüsse vor dem Wirthshause gethan wurden. So gleich fuhr Hiesel auf, und schrie, was ist das? Es kommt
die Streife! Er hatte diese Worte kaum ganz
gesprochen, so sprang einer von diesem Commando mit aufgepflanztem Bajonet, und gespannten Hahnen zur Thür hinein, und rief
ihnen zu, sich gefangen zu geben.

Hiesel striech in diesem Augenblick zuerst
sein Geld über den Tisch hinab, sodenn ergrif
er seinen Stußen, und traf einen vor der Thür
stehenden Musketierer in die linke Brust, daß
er alsobald tödtlich verwundet zur Erde sank.
Indem geschahen einige Flintenschüsse von aus-
sen hinein, in die Stube. Alle anwesende andere Gäste, die in diese Comödie unwissend
verwickelt waren, krochen alsobald unter die
Tische und Bänke. Hiesel aber befahl vor

H 5 allen

allen Dingen die Lichter auszulöschen. So=
denn rief er seinen Cameraden zu, sich wohl
zu halten, und die Hunde zusammen zu schie=
ßen. Diese ergriffen so fort ihre um den O=
fen hangende Gewehre, und warfen sie auf
den Tisch, wo sich Hiesel sodenn derselben mit
der äußersten Fertigkeit bediente, sie gegen die
zur Thür Hineindringende immer abzufeuren:
die übrigen Wildschützen aber bemüßigten sich
nur dieselbe wieder zu laden, und ihm zu recht
zu legen.

Immittelst geschah ein zweyter und hef=
tiger Anfall von der Streife auf die Thür.
Allein, ehe dieselbe offen war, so gieng eine
ganze Salve von den Wildschützen durch die=
selbe, von welcher der Feldwaibel Namens
Kazenwadel an der Seite des commandiren=
den Lieutenants todt geschossen wurde. Hier=
über frolockte Hiesel ungemein, und sprach
seinen Cameraden einen weitern Muth ein.
Einer von diesen hielt die Thür so lange zu,
bis die ganze Wildschützen Gesellschaft wieder
geladen hatte. Auf einmal riß dieser sodenn
die Thür auf, und als die Streife hierauf dick
heran, und hinein dringen wollte, so begeg=
neten ihnen eine noch heftigere Salve, von
welcher alsofort fünfe auf den Tod verwundet
zu Boden stürzten. Indem befahl Hiesel sei=
nen

nen großen Hund los zu laſſen, und unter ſie
zu hetzen. Dieſer fiel auch alſobald einen die=
ſer Commandirten bey dem Backen an, und
richtete ihn auf eine höchſt erbärmliche Weiſe
zu. Endlich ließ er von dieſem von ſich ſel=
ber ab, und fiel hingegen wider alle ſeine
Schuldigkeit einen von den Wildſchützen an.
Dieſen riß er zu Boden, und richtete ihn in
der Wuth nicht weniger erbärmlich zu, als
den vorigen aus dem feindlichen Heere.

Inzwiſchen ſetzten die Wildſchützen das
Feuer von ihrer Seite unausgeſetzt mit gröſter
Lebhaftigkeit fort; welches die Commandirte
zwar ſehr gut einige Zeit erwiederten, endlich
aber in ihrem Eifer allgemach lau und endlich
gar kalt wurden, bis ſie ſich endlich, in Be=
trachtung ihrer bereits erlittenen Niederlage,
der Verwundeten und der vortheilhaften Stel=
lung der Wildſchützen, entſchloſſen ſich zurü=
cke zu ziehen. Nichtsdeſtoweniger aber feuer=
ten ſie während dem Abmarſch immer hinter ſich
zurück auf die verwegene Buben.

Als Hieſel wahrnahm, daß das Haus
von ihnen geſäubert war, ſo zog er ſich mit
ſeiner ganzen Beſatzung in das obere Stock=
werk deſſelben, durchſuchte alle Winkel auf
das genaueſte, und ſtellte überall Wachten
aus,

aus, welche denn gelegentlich aus den Fenstern
noch immer auf die abziehende Streife feuer=
ten, und ihm noch viele verwundeten. Son=
derlich hatte sich Hiesels getreuer Leibschütze,
der Bube, freventlich auf einen Tisch mitten
in der Stube gestellet, und feuerte wie ein jun=
ger Teufel dem weichenden Corpo nach.

Da ihnen endlich die Streife aus dem
Schuße und aus den Augen gekommen, so
befahl Hiesel einem seiner getreuesten, dem Pe=
ter, auf dessen verwegene Tapferkeit er vieles
bauen konnte, daß er gehen, und die hintere
Hausthüre eröfnen sollte, damit man sähe, ob
keine Streifsoldaten mehr vorhanden wären.
Allein, dieser hatte dieselbe kaum eröfnet, und
sich einige Schritte vor das Haus hinaus be=
geben, als er von einem Theil der Streife,
welche das Hinterhaus noch besetzt gehalten,
ersehen, und von einem starken Musketen=
feuer empfangen und zurücke gejaget wurde.
Allein, Hiesel unterstützte ihn alsobald mit ei=
nem mächtigen Feuer von oben, und zwang
auch endlich diese Soldaten, daß sie sich, weil
sie sich ihnen nicht gewachsen sahen, zurück=
und den andern nachziehen mußten, worauf
sie sich, weil sie umsonst auf mehrere Hülfs=

völker

völker warteten, in das nächste Dorf verfügten, und die Jagd aufgaben.

Unterdessen war der Wirth, welcher sich währendem Scharmützel aus seinem Haus geflüchtet hatte, nachdem es wieder darinnen ruhig geworden, gleichfalls zurück gekommen. Dieser erhielt sofort von Hieseln Befehl auf Kundschaft auszugehen, und genau nachzuforschen, ob nirgends keine Soldaten mehr vorhanden seyen. Dieser kam bald mit der zuverläßigen Nachricht wieder, daß sich keiner mehr irgendwo blicken ließe, und daß sie sich vollkommen zurücke gezogen hätten. Da rief Hiesel erst seine Gefährten von den obern Zimmern herunter, von welchen einer dem in der untern Tenne todtliegenden Feldwaibel im Vorbeygehen die Stiefeln auszoge, und das Seitengewehr nebst andern Sachen abnahme. Von da verfügten sie sich zusammen in die Zechstube, wo sie noch den mit dem Tode ringenden Soldaten antrafen. Diesem wollte einer aus der Gesellschaft, der noch von der Schlacht erhitzt war, den Kopf abhauen, welches aber Hiesel verhinderte. Nichts destoweniger konnte er nicht wehren, daß ihm dieser entbrannte Bösewicht nicht noch drey oder viermal das verkehrte Gewehr um den Kopf geschla-

geschlagen hätte. Hiesel fragte sodenn den Verwundeten, wie stark dieses Commando gewesen seyn möchte? welches ihm der Verwundete getreulich eröfnete, und zur Labung um einen Trunk Bier bat, welchen ihm Hiesel auch mit aller Leutseligkeit reichte.

Endlich machten sich auch die sieghaften Wildschützen zu ihrer Abreise fertig, und Hiesel befahl dem Wirth ein Pferd zu satteln, um auf demselben den von dem tollen Hunde sehr übel zugerichteten Wildschützen hinweg zu bringen, und vor seine Cur die dienliche Mittel zu ergreifen. Da nun erst wurde Hiesel gewahr, daß sein so geliebter und geschätzter Hund unter dem Lärmen des Krieges verlohren gegangen seye. Dieser Verlust gieng ihm aufs schmerzlichste zu Herzen. Er schickte zwar aller Orten zahlreiche Boten aus, um ihn aufzusuchen. Allein, alle angewandte Mühe war vergebens. Er war weg, und hinterließ seinem Meister nichts als eine traurige Sehnsucht nach ihm, welche er auch zum öftern gegen seine Leute äußerte. Hierauf zog er mit seiner ganzen Bande noch diese Nacht selber ab, unter großem Frolocken über seinen Sieg, welcher in der That auch nicht gering war, von ihm den einfältigen Bauersleuten aber

noch

noch größer, und gar übernatürlich abgemah=
let, und vorgespiegelt wurde; indem er ih=
nen die in den Stuben gefundene Soldatenku=
geln vorzeigte, und ihnen weiß machte, daß
er dieselbe in der freyen Luft mit der Hand
aufgefangen hätte. Er lehrete sie mit aller Be=
redsamkeit, daß er fest und unverwundlich
seye: worinnen er von seinen Leuten, als wel=
che bey dem Ruhm ihres Oberhauptes auch ih=
re Rechnung fanden, mit allen wahrscheinli=
chen und unwahrscheinlichen Prahlereyen un=
terstützt wurde; so daß die Bauren Nasen
und Ohren aufsperreten, und ihn als einen
Wundermann betrachteten.

Nach diesem vor ihn so rühmlich abge=
laufenen gefährlichen Haupttreffen, zog sich
Hiesel mit seiner Armee über die Donau, je=
doch aber wollte er sich vorher noch, ehe er
das Ulmische Gebieth verließ, an dieser Herr=
schaft, vor den auf ihn gemachten Angrif
rächen.

Er langte demnach den dreyßigsten De=
cember 1770. Mittags zu Holzschwang an,
und lief alsofort in vollem Sturm mit seiner
Rotte auf das daselbstige Jägershaus zu.
Der Jäger saß eben an dem Tische, und
las in der Zeitung, als sieben von diesen wil=
                                        den

den Thieren mit gespannten Gewehren in einem
Sprung zur Stube hinein plaßten, auf ihn
wie rasend andrangen, und ihm in einem er=
schrecklichen Ton zuriefen! „Du Ulmischer
„Hund, must sterben! Deine Herren haben
„heute ein Commando von hundert und fünf=
„zig Mann auf uns abgeschickt.“ Der Jä=
ger sprang hierauf in äußerster Bestürzung
vom Tische auf, und rief ihnen in den beweg=
lichsten Ausdrücken zu: „Ihr Herren Came=
„raten, was giebts? habe ich denn euch je=
„mals was zu Leyde gethan?“ Allein, diese
antworteten ihm nichts, als nur immer ihr:
„Hund, du must sterben!“ In dieser Todes=
angst umringten ihn fünf von ihnen, um, wie
sie sagten, ihm den Garaus zu machen. Die=
se hielten ihn, indem er beständig mit Herz=
brechendem Flehen nur vor das Leben seiner
schwangern Frau bate, so enge, und dräng=
ten immer mit gespannten Hahnen auf ihn zu,
daß er sich weder vor noch hinter sich bewegen
konnte.

Inzwischen nun diese fünf ihr Spiel auf
diese Art mit ihm trieben, so räumten die übrige
zween in der Stuben auf, was ihnen anstunde.
Während der Zeit schrie des Jägers Weib ohne
Unterlaß: lasset ihn nur bey Leben! Sie be=
kam aber immer die tröstliche Nachricht, daß
der

der Ulmerhund unfehlbar sterben müße. In
diesen Nöthen entflohe das erschrockene Weib,
und versperrte sich in eine Kammer in dem o-
bern Stocke. Allein, die zween, welche unten in der Stuben reine Arbeit gemacht, waren gar bald hinter ihr drein, und befahlen
ihr alsobald aufzumachen, wenn sie nicht auf
der Stelle erschoßen werden wollte. Sie machte also unter Zittern und Beben die Kammer-
thür auf, und mußte zusehen, wie sie sogleich
zween Kästen, woran die Schlüßel gestecket,
aufgemacht, und das, was ihnen darinnen
gefallen, herausgenommen. Nachdem sie mit
dieser Kammer fertig gewesen, sprengten sie
eine andere, wozu die Jägerinn den Schlüßel
nicht gleich finden können, ein; fanden aber
nichts darinnen, sowohl als in einer dritten,
welche sie ebenfalls mit Gewalt aufgeschlagen.
Sie begaben sich also in vollen Sprüngen
wieder in die Stube herunter, und über den
armen Jäger her. Diesen begrüßten sie auf
ein neues mit diesen Worten: „Wo hast du,
„Ulmischer Hund, dein Pulver, Bley und
„Pulverhorn, wie auch deinen Stutzen?
„Schaffe alles her, oder du bist des Todes!‟

Während dieser Folterung des Jägers
kam Hiesel selber, jedoch ohne Gewehr, in die
J   Stube,

Stube, und fragte ihn, wie alt sein Hund
seye? Dem aber der Jäger antwortete, daß
er erst ein viertel Jahr alt, und noch nichts
nütze wäre.

Inzwischen aber hatten die zween Rau=
ber, welche zum Aufräumen von Hieseln be=
fehliget waren, die Durchsuchung der Stube
zum andernmal vorgenommen. Doch, da
sie nichts anständiges mehr vor sich fanden,
giengen sie alle hintereinander zur Stube hin=
aus. Hiesel war der letzte, und bot beym
Abschied dem Jäger mit dem Vermelden die
Hand, daß seine schwangere Frau sein Glück
seye. Hier aber war einem hart vor der Thür
sein Gewehr von ungefähr losgegangen. Auf
welches die andern, so schon vor der Stuben
draussen gestanden, wieder in die Stube hin=
ein raßten, und über den Jäger her wollten;
als von welchem sie glaubten, daß er geschos=
sen hätte. Allein, da er ihnen sagte, mit
was er einen Schuß thun sollen, da er ja
kein Gewehr mehr habe; so befahl ihnen Hie=
sel mit den Worten: Gehe nur, er hat nicht
geschossen! sich fort zubegeben. So bald die=
ser hinaus war, stieß der Jäger die Stuben=
thür zu: worüber aber einer noch mit dem
Hirschfänger nach ihm hiebe, dem der Jäger
aber glücklich auswiche.

Als

Als sie alle vor dem Hause draußen waren, warfen sie dem Jäger noch eine Muske-
te, die sie dem erschossenen Feldwaibel in der
Elchinger Schlacht abgenommen, mit allerhand höhnischen Spottreden durchs Fenster in
die Stube hinein, mit dem Anhange, daß er
als ein Jäger doch gleichwohl ein Gewehr zum
Birschen habe. Den ganzen Schaden, welchen der Beraubte erlitte, schätzte er selber wenigstens auf 155. fl.

Von da setzte Hiesel mit seiner ganzen
Räuberbande gerades Weges über die Donau,
und kam, nachdem sie verschiedene Abwege genommen, den 6ten Jenner 1771. zu Gesserts-
hausen an. Das wachsame Aug, welches
der Jäger dieses Orts auf alle Bewegungen
dieser Wildschützenbande gehabt, hatte ihm
Hiesels Ungnade, welcher auf das genaueste
davon unterrichtet ward, in einem hohen Gra-
de zugezogen, und ihn daher, seiner ange-
nommenen schönen Regel zufolge, bemüßiget,
auch diesen für seine gar zu eifrige Dienste zu
strafen, und seine Rache empfinden zu lassen.

Er theilte also seinen Leuten ungesäumt
die Plätze aus, wo ein jeder Posto fassen und
Wacht halten sollte. Er selber aber besetzte
mit gespanntem Gewehr die Hausthür, welche

J 2   zween

zween andere aufgesprengt hatten. Das gute
Glück des Jägers fügte es eben, daß er ab-
wesend war; deswegen sie ihre Wuth und
Rachgierde desto stärker an der Behausung
desselben ausließen. Alles wurde darinnen
zerschmissen und zerhauen. Was sie an Geld,
Kleidern, und andern ihnen anständigen Sachen fanden, nahmen sie mit sich fort, und
setzten ihn dadurch in einen Schaden, den er
auf 516. fl. schätzte. Nachdem sie nun sattsam Beute gemacht, rief sie Hiesel durch einen Pfiff zusammen, und alle verliessen sodenn
auf das gegebene Zeichen das geplünderte
Haus. Indem kam eben die Jägerin aus
der Kirche nach Hause, und fand es in dem
betrübten Zustande, benebst den Raubvögeln,
welche ihr dieses Unheil darinnen angerichtet.
Sie hub äußerst betroffen in ihrem Unglücke
die Hände bald zum Himmel, und bald zu
Hieseln auf, und flehete sie um Verschonung
und Erbarmung an. Und Hiesel wollte auch
den Schein an sich nehmen, als ob er an
diesem grausamen Verfahren völlig unschuldig
wäre, und bezeugte ihr sein Beyleid darüber
auf eine erzverlogene Weise, mit dem Beysa-
tze, er wäre nicht mehr im Stande, seinen
Leuten Einhalt zu thun, und müßte dieses
alles wider Willen geschehen lassen. Er be-

fahl

fahl zwar auf einer Seite, der Jägerin einige
Kleidungsstücke wieder hinzuwerfen, auf der
andern Seite aber winkte er, ihr dieselbe wieder abzunehmen. Endlich, nachdem er dieses
Gaukelspiel einige Zeit getrieben, machte er
sich mit seiner Rotte davon, und hielte der
Jägerin vorher noch eine kurze moralische Er-
mahnung, worinn er ihr eine sorgfältige
Hauswirthschaft aufs beste empfahl, als wodurch sie den Schaden, den sie bey dieser Gelegenheit von seinen Leuten erlitten, gar bald
wieder herein zu bringen im Stande seyn würde.

Nicht weit davon theilten sie ihre Beute
in aller Einigkeit, und richteten sodenn ihren
weitern Marsch nach Frankenried, und nahmen alsogleich daselbst ihr Hauptquartier, wie
allemal, in dem Wirthshause. Von da sandte Hiesel sechs von seiner Rotte in die dasige
Jägerswohnung, mit Befehl, den Jäger daraus abzuholen, und zu ihm und dem Rest seiner Völker ins Wirthshaus herunter zu führen, oder ihn, im Fall er sich weigern und
wehren würde mitzugehen; todt zu schießen,
aus dem Hause aber alles Gewehr mit sich fort
zu tragen und ihm zu überbringen.

Als diese sechs abgeordnete Taugenichte
in dem Hause angelangt; so war ihr erstes,

die

die Thüren, Fenster, Gläser, Uhren, Geschirre und alles, was ihnen vorkam, zusammen zu hauen. Der Jägers Tochter, welche sich zu ihrem Unglück allein zu Hause befand, setzten sie die gespannten Gewehre auf die Brust, und droheten ihr alle Augenblicke den Tod, vergaßen aber unter diesen ihren Beängstigungen indessen nicht, das Haus aufs genaueste zu durchsuchen, und alle Gewehre, ihrer aufhabenden Ordre gemäß, wie auch, was sie gutes von Kleidern fanden, zusammen zu raffen. Nach einer viertelstündigen Haussuchung ungefähr zogen sie mit ihrer gemachten Beute in dem Wirthshause ein, wo sodenn ihr Gebieter ihren Gehorsam und Kühnheit auf das schmeichelndeste herausstriche, und zur Ergötzlichkeit vor ihre gehabte Mühe den Raub auf der Stelle austheilte.

Unterdessen hatte sich der Pfarrer dieses Orts einfallen lassen, dem Jäger zu Gunsten, dem Hiesel seine Beute wieder aus den Händen zu schwatzen. Er erhob sich deswegen selbsten zu ihm in das Wirthshaus, und that ihn bittweise die triftigste Vorstellungen, um die Zurückgabe dieses Raubes zu bewürken. Allein Hiesel wollte davon nichts hören, sondern schimpfte und fluchte, je mehr der Pfarrer

rer bat, auf den Jäger: bis der Pfarrer end=
lich seiner Vorbltte einen so kräftigen Nach=
druck gab, daß sich Hiesel zu der Zurückgabe
dreyer ausgemusterter unbrauchbarer Flinten
verstund, aber zugleich auch den Pfarrer, um
seine Leute dießfalls schadlos zu halten, anhiel=
te, die Zeche, die sie mittlerweile angesoffen,
vor sie alle zu bezahlen.

Bis hieher gieng Hieseln und seiner
Bande alles glücklich; woferne man sich an=
derst dieses Ausdruckes bey einem Leben von
dieser Art bedienen darf. Denn was heißt
es, unter Frost, Hitze, Hunger und Blöße
die Wälder zu durchstreichen, unter beständi=
ger Furcht einem elenden Stück Wild, noch
unstäter, als das Wild selber, nachzujagen,
dasselbe öfters nicht zu bekommen, und wenn
man es bekommen, um ein elendes Stück
Geld zur Tilgung der äußersten Noth auf ei=
nen Tag, zu verkaufen? Diesen Jammer allen
aber unter beständiger Angst und Erwartung
eines noch größern Jammers, der Erhaschung
und Einfahung nämlich, täglich zu ertragen,
keine Nacht ruhig zuzubringen, auf einer ste=
ten Flucht umherziehen, alle Menschen vor
seine Verräther halten zu müssen, vor jeder=
mann zu erschrecken, und jedermann ein

J 4   Schre=

Schrecken zu seyn? Sein Gewiſſen endlich
mit Blutſchulden aus Noth beflecken zu müſ;
fen, und der Gemüthsruhe auf ewig abzuſa;
gen? Dieſes iſt in der That ein Leben, gegen
welches der Tod, auch ein bitterer, eine Wohl;
that ſcheinet.   Wenn endlich das Sünden;
maaß übergelaufen, und die Stunde der Be;
ſtrafung herbeynahet, was vor Bewegungen
müſſen in einem ſolchen Herzen entſtehen? Wie
ſchrecklich ſind Ausſichten, die es in ſein ver;
gangenes Leben zu thun hat, und wie entſez;
lich erſt die Blicke, die es auf den Reſt des
noch übrigen Lebens wirft, welches bloß der
Willkühr eines andern überlaſſen iſt, von dem
es ſich kein anders, als trauriges Ende vermu;
then darf.

Hieſel hatte nun alle ſeine Heldenthaten
verrichtet, und war an dem, ſeine letzte
Schlacht anzutreten, welche, weil er ſie ver;
lohr, die Wirkung hatte, daß ihm die vori;
gen alle, die er gewonnen, nichts nützten.
Es wurden nämlich, da ſich ſeine Bande im;
merzu vermehrte, und in der Vermeſſenheit
weiter ſchritt, endlich die höchſte Herrſchaften
aufmerkſam, und beſorgten nicht ohne Grund,
daß eine ſolche Geſellſchaft, ſonderlich bey har;
ten Zeiten, wie die gegenwärtige waren, leicht;
lich überaus üble Folgen haben, und einen
Zu;

Zuwachs bekommen könnte, welchen man
hernachmals zu zerstören Mühe haben dürfte.
Deswegen wurde endlich das rechte Mittel,
einen solchen Unfug zu stillen, und diesen tollen Haufen mit einmal niederzulegen, ergriffen, indem man von hohen Orten aus ein
sehr starkes Commando von Jägern und Grenadieren, aber unter Anführung eines Ober-
officiers, mit dem gemessensten Befehl, es
möchte auch kosten, was es wollte, ausschick-
te, diese Buschklopfer überall und so lange
aufzusuchen und zu verfolgen, bis man ihrer
entweder todt oder lebendig habhaft geworden,
um diesem Unwesen mit einmal ein Ende zu
machen, und das gemeine Wesen von dieser
beständigen Unruhe gründlich zu befreyen.

Solchemnach zog der Premierlieutenant
S.hedel, welchen man, als einen versuchten
Soldaten, zu dieser Unternehmung bestimmet
hatte, mit einem starken Commando Hoch-
fürstlich-Augsburgischer Grenadier, vielen
Jägern und einigen Amtknechten und Hunden
aus, und jagte diesen bösen Buben mit vieler
Beschwerlichkeit seiner Leute, wegen der harten Witterung und des vielen Schnees, nach.
Endlich erhielt er sichere Nachricht, daß sich
diese Rotte zu Osterzell, einem Dorfe, Reichs-

J 5   rit-

ritterſchaftlich: und Kloſter Rötenbuchiſcher
Herrſchaft, in dem Wirthshauſe in Corpore
beyſammen befinde. So fort richtete er ſeinen
Marſch dahin, ſo verdeckt, als es die Mög-
lichkeit litte, ein, und langte, nachdem er
nebſt ſeinen Leuten die ganze Nacht über-auf
ſeinem Marſch, wegen des ungebahnten Weges, nicht wenig ausgeſtanden, endlich glücklich vor beſagtem Oſterzell des Morgens früh
um ſieben Uhr ungefähr an, wo er noch vor
dem Dorfe von der kleinen Tochter des Wirths
die zuverläßige Nachricht erhielte, daß ſich
die ganze Bande im Wirthshauſe in aller
Sicherheit befinde.

Sie hatten zwar die ganze Nacht über
ihre Wachten gehörig ausgeſetzet, und alles
zu ihrer Sicherheit dienliche vorgekehret. Gegen Morgen aber, da ſie geglaubet, daß keine
Nachſtellungen mehr zu befürchten wären, zogen ſie dieſelbe umbeſonnener, oder richtiger
zu ſagen, verblendeter Weiſe, alle zurücke:
ſetzten ſie auch, als gegen Morgen ein ſo di-
cker Nebel anfiel, daß man kaum einige Schritte vor ſich hinſehen konnte, nicht wieder aus,
ſondern ſpielten zuſammen, als ob ſie vor aller
Gefahr vollkommen geborgen wären, in der
Karten.

In

In diesen günstigen Augenblicken und vortheilhaften Umständen rückte das Commando unvermerkt heran, und besetzte zuförderst mit den Jägern den kaum einige wenige Büchsenschüsse von dem Wirthshause entlegenen Wald, um den Wildschützen, woferne sie sich etwa dahin zu flüchten versuchten, den Weg zu verlegen. Von den Uebrigen wurde sodenn das Haus auf allen Seiten umgeben. Diese, welche ihren Anfall gegen die Stube zu machen hatten, mußten unter den Fenstern hinkriechen, damit sie nicht von den Hieselanern vor der Zeit entdeckt, und etwa übel empfangen werden möchten. Ein anderer Theil dieser Soldaten wurde in ein der Küchen gegenüber gelegenes Söldners Haus geworfen, um daselbst sowohl im Fall der Noth einen Zufluchtsort zu haben, als auch die gegen die Straße gehende Küchenthüre, wodurch die Wildschützen allenfalls einen Ausfall hätten thun können, zu bestreichen. Kaum aber hatten sie diese verabredete Stellung genommen, als der wachsame Bube etwas von der Streife gewahr ward, und seine Cameraden alsofort davon benachrichtigte. Alsogleich erhub sich alles vom Tische und lief der Küchen zu, worinnen sie, als in einem Zeughause, ihre Büchsen zusammen geleget hatten. Sie setz-

teu

ten sich sogleich, so gut es die Verwirrung zu=
ließ, in welche sie ein so plötzlicher Ueberfall noth=
wendig setzen mußte, in gehörige Stellung,
und fiengen an auf das herzudringende Com=
mando zu feuren. Der erste, welcher Feuer
gab, hatte auf den commandierenden Officier
selber angeschlagen, und wenn ihm nicht das
Gewehr versagt und das Zündkraut fruchtlos
aufgebrannt wäre, würden sie vielleicht durch
diesen einzigen glücklichen Fall vor diesesmal
auch noch geborgen worden seyn.

Sie wurden sodenn aufgefordert, und
zum öftern sich zu ergeben vermahnet. Allein
sie setzten ihr Feuer in einer verzweifelten Ge=
genwehr unausgesetzt fort. Dabey ersahen sie
ihre Gelegenheit, daß sie ihre Stellung so
vortheilhaft nahmen, daß sie aus der Küchen,
in welche sie sich gezogen hatten, drey Thüren
zugleich in ihrer Gewalt hatten und bestreichen
konnten. Sie wehrten sich also aufs beste,
ungeachtet durch alle Fenster und Thüren von
den Jägern und Soldaten ein unausgesetztes
Feuer mit voller Heftigkeit gemacht wurde.

Während diesem Scharmützel öfnete Hie=
sel ein wenig die Küchenthüre, die in die Stu=
be gieng, und faßte einen der wohlgewach=
sensten Grenadier, mit Namen Steiner, bey
dem

dem Ofen, wo er ſtund, in gröſter Geſchwin=
digkeit ſo richtig, daß er ihn mitten durch
die Bruſt ſchoß, und ihn plötzlich todt zur
Erden ſtreckte. Ein anderer Grenadier, Kopp,
wurde währendem beſtändigen Feuren ebenfalls
tödtlich getroffen, jedoch aber noch aus dem
Lärmen in ein benachbartes Bauernhaus ge=
bracht, wo er aber in gar kurzer Friſt eben=
falls ſeinem Cameraden in die Ewigkeit nach=
folgte.

Inzwiſchen aber wurde die Thür ebenfalls
von den Grenadieren, die ein unaufhörliches
Feuer darauf machten, wie ein Sieb durch=
ſchoſſen. Hieſel ſchrie und fluchte auch unauf=
hörlich auf ſie los, und drohete ihnen, wie er
ihre Seelen alle noch in die Hölle hinunter
ſchicken, und ſie daſelbſt tanzen machen wollte,
und daß er mit ihnen eben ſo, wie mit den
Ulmern, umſpringen würde, wozu er einige
tauſend Flüche ſetzte, die er an den bequemſten
Orten anbrachte, je nachdem es die Gelegen=
heit ſeiner drohenden Schmähungen zuließ und
zu erfordern ſchiene. Der Officier ſah in=
deſſen gar wohl, daß er mit Leuten zu thun
hätte, die in der völligen Verzweiflung föch=
ten, und ihm, ehe ſie bezwungen werden könn=
ten, noch viele ſeiner Untergebenen zu ſchan=
den machen würden. Er befehligte deswegen
einen

einen Theil seiner Grenadier und Jäger, sich
die Treppe hinauf und in die gerade über der
belagerten Küche liegende obere Stube zu begeben. Dieses war ein Unterfangen von gros-
ser Gefahr; indem sie, wenn sie dieses thun
wollten, eine Thür vorbey mußten, welche
die Wildschützen inne hatten, und von da
aus sie mit guter Würkung immer feuerten.
Es war also nichts zu thun, als dieselbe in
größter Geschwindigkeit und vollem Laufe vorbey zu eilen, welches auch allen diesen Abgeschickten glückte, bis auf den Jäger von Kö-
nenberg, Hans Schmidt, der aus bloßem
Vorwitz in die Thür hineinschauete, sich darüber ein klein wenig verweilte, und darüber
alsobald darnieder geschossen wurde.

Inzwischen nun die Grenadierer und Jäger in dem untern Stocke beständig mit den
Wildschützen scharmützelten, wurde oben der
Stubenboden aufgehoben, und als sich unter
demselben ein gemauertes Gewölb befand, eine Art aus dem nächsten Bauernhaus herbey
gehohlet, und damit das Mauerwerk durchge-
hauen: wodurch es denn geschahe, daß die
Schlacht eine andere Wendung bekame. Es
ward in einer anstoßenden Kammer ein Bett
gefunden, aus welchem man den Strohsack
zerrisse,

zerriſſe, und mit dem Stroh deſſelben Pulver-
patronen umwickelte, dieſes ſodenn anzündete,
und ſo brennend durch die gemachte Oefnung
hinunter warf. Dieſes ſowohl, als das un-
aufhörliche Hinunter- und Hinaufſchießen ver-
urſachte einen ungeheuren Dampf in der Küchen, daß die Schützen ihre Pulverhörner
nicht mehr finden, noch ſonſten ſehen konnten,
was ſie machen, und wohin ſie hauptſächlich
ihre Gegenwehr richten ſollten. Sie wurden
alſo nothwendig gezwungen, die Küche zu
verlaſſen, und ſich in das daran ſtoßende
Speisgewölb um ſo mehr zurück zu ziehen, da
einem von ihnen, der eben gegen das Loch hinauf auf einen Soldaten angeſchlagen, durch
einen Schuß von oben herunter das ganze
Kinn, bis auf den Hals, hinweggeriſſen, und
ein anderer von ihnen unterhalb der Warze
auf der linken Bruſt dergeſtalt getroffen wurde, daß er, wo er fiel, unter dem Loche liegen bleiben mußte, bis er endlich nach Endi-
gung dieſes Angriffs ſeinen Geiſt aufgab.
Der mit dem abgeſchoſſenen Kinn lag ebenfalls
unter der Oeffnung, und mußte mithin faſt alle
von oben herab kommende Schüſſe und bren-
nende Strohpatronen aushalten, ſo daß ihm die
Kleider auf dem Leibe verbrannten, und die Haut
an den Gliedern beſengt und gebraten wurde.

In-

Inzwischen aber, da man ohne allen
Bedacht den Schützen so mit Feuer zusetzte,
sieng dieses an, weiter um sich zu greifen, als
man verlangte, so daß man genung zu thun
hatte, desselben einreissender Gewalt Wider-
stand zu thun. Da nun nicht zu säumen war,
und sich gleichwohl kein Wasser bey der Hand
befand; so bediente man sich eines eben auf
der Kühle stehenden ganzen Suds Biers dasselbe zu löschen, welches man von oben durch
die Oefnung herabschüttete, und dadurch die
Wildschützen, die man vorher schier im Feuer
verbrannte, nunmehr fast im Bier ersäufte.
Der Dampf wurde durch diesen weissen Bier-
regen noch mehr erreget, und die Unmöglich-
keit, in diesen feurigen Wolken auszuhalten,
vor die Schützen vergrößert. Die Verwirrung nahm überall überhand, und ihr Muth
sieng an zu erkalten, da sie sahen, daß das
Glück so wenig damit einstimmen wollte.
Hiesel selber sah zween seiner Gesellen todt
vor seinen Füßen liegen. Die übrigen waren fast alle, und zum Theil hart verwundet.
Er selber hatte zween Schüsse in den Beinen,
und einen Streifschuß an dem linken Bäcken.
Er bemerkte, daß sich einer in den Backofen,
ein anderer darunter, sein getreuester Waffenträger, der Bub, aber, der sich bis daher
aussert-

ausserordentlich und doch vergeblich gut gehalten, mit sammt gleichwohl dem geladenen
Rohre in das Ofenloch verkrochen, der
Sattler in das Camin hinauf gestiegen, und
unter das geräucherte Fleisch versteckt, und ein
anderer sich da, ein anderer dort verborgen
hatte, und konnte aus allen diesen Zeichen
keine Schlüsse auf einen glücklichen Ausgang
dieser Sache ziehen.

In diesen ernstlichen Betrachtungen guck-
te der Wirth, welcher sich gleich zu Anfang
der Schlacht vor Furcht und Schrecken in
den Backofen verkrochen, aus dem Ofenloch
hervor, und rief mit wimmernder Stimme,
und thränenden Augen, daß man seiner doch
um GOttes Barmherzigkeit willen verscho-
nen möchte, da er an allem unschuldig wäre,
und in allen diesen Dingen nicht die geringste
Hand gehabt hätte. Dieses sein Gebet ward
erhöret, und er wurde durch einige Soldaten, die
ihn erkannt, durch das Loch in der Decke hinauf gezogen.

Hier nun brach Hieseln ebenfalls das
Herz, so daß er mit lauter Stimme zu rufen
begunnte, ob denn durchaus kein Pardon zu
erhalten. Sobald dieses oben vernommen
wurde, gab der Lieutenant Befehl, mit Schie-

K   ßen

ßen inne zu halten, und antwortete endlich
auf wiederhohltes Bitten des Hiesels hinunter,
daß ihm, wenn er durch die Stubenthür ohne Geschoß und Hirschfänger herauskommen
wolle, das Leben bey seinem Worte gesichert
seyn, und ihm übrigens auch niemand sonst
das geringste Leid thun solle. Dieses versprach auch Hiesel zu thun; stieß aber, als
es zur Ergebung kam, erst einen andern von
seinem Anhang, um zu sehen, wie es diesem
ergehen würde, vor sich zur Thür hinaus.
Dieser ward so fort ergriffen, gebunden, und
in den Schnee vor die Hausthür hinaus geworfen. Dieses stöhrte Hieseln in seinem
guten Vorsatze, und brachte ihn aufs neue zu
den Gedanken sich wieder zu wehren. Allein,
er ließ sie endlich doch wieder fahren, und faßte einen ernstlichen Entschluß sich seinem gegenwärtigen harten Schicksale zu unterwerfen.
Er kam also von selbsten unter die Thür, welche so fort von den Soldaten mit gespannten
Hahnen, und vorgehaltenen Bajoneten umgeben ward, heraus, und bat den Officier
nochmals mit aufgehobenen Händen um das
Leben, wobey er ihm vor großer Heftigkeit um
den Hals fiel, und dieser genug zu thun hatte,
seine Leute, welche heftig auf ihn ergrimmt
waren, abzuhalten, daß sie ihn in der Hitze,

worinn

worinn sie noch von der Schlacht waren,
nicht niedermachten. Hiesel wurde also gebunden und ebenfalls zu seinen Cameraden
hinaus in den Schnee geworfen, wo er sodann anzeigen mußte, wie stark sie gewesen,
und wo die übrigen wären; welches er auch
getreulich that.

Der Rest seiner überwundenen Völker
wurde also ebenfalls ein jeder aus seinem
Schlupfwinkel hervorgeholet, wie allemal,
gebunden, und in den Schnee zu den Uebrigen hinausgeworfen. Womit sich dann endlich diese ziemlich blutige Tragödie endigte,
nachdem sie vier ganzer Stunden, von sieben
bis eilf Uhr nämlich, an einem fort gewähret
hatte. Die Beute, welche bey diesem erleg-
ten Corpo gefunden wurde, bestund in drey
Kugelbüchsen, zehen Flinten, einem mit Silber
beschlagenen Hirschfänger, drey andern dergleichen geringern, nebst noch einigem Pulver und
Bley. Die Kriegskasse der ganzen Armee,
welche Hiesel in Verwahrung hatte, bestund
in vier und zwanzig Gulden, und vier und
vierzig Kreußern: denn bey den übrigen allen
ward kein Geld gefunden.

Von Seiten der sieghaften Völker war
der Jäger von Konenberg, der Grenadier
Steiner

Steiner und Kopp todt: von den zehen Wild=
schützen aber, soviel ihrer nämlich zu Anfang
des Scharmützels gewesen, blieben zween auf
dem Platze, sieben aber, unter welchen sich
Hiesel selbst befand, waren verwundet. Der
Bube allein war ohne Verletzung davon ge=
kommen. Die Verwundeten wurden sogleich
nach hergestellter Ruhe durch einen Feldscheerer
verbunden, und die Gefangene unter Bede=
ckung der ganzen Mannschaft, acht Jäger=
knechten, und vier Untervögten, nach Buch=
loe in das Zuchthaus unterdessen gebracht:
wo sodenn der Hiesel, der Bube und der
Sattler nebst noch drey andern ihrer Camera=
den jeder besonders in Blockhäusern, zween
schwerer Verwundete aber, bey andern Gefan=
genen, nachdem man sie bis auf die bloße
Haut vorher ausgezogen, und ihnen die blaue
Zuchthaus Montur, Hieseln allein ausgenom=
men, welchem man seine Kleider ließ, un=
gethan, bis auf weitere Verfügung verwahret.

Von da wurden sie nach erhaltenem
Befehl in weiterer Begleitung des ganzen
Commando nacher Dillingen übergebracht,
und unterwegs, wo sie durch Dörfer oder bey
Städten vorbey kamen, von einer ungemei=
nen Menge Menschen, die ihnen überall ent=
gegen

gegen gelaufen, geritten und gefahren, gese=
hen und beschenket.

Nachdem also die ganze ehrbare Gesell=
schaft an dem Orte ihrer Bestimmung glückli=
cher, als sie es verlangt, angekommen: so
wurden sie alsobald zu ihrer schlechten Freude
aufs beste verwahret, eingeschlossen und be=
wachet. Hiesel sonderlich, als die Haupt=
person, ward mit besonderm Fleiße beobachtet,
und hart geschlossen, ohne seine Bequemlich=
keit dabey im geringsten in Betrachtung zu
ziehen; im übrigen aber wohl gehalten, und
ihm in Nichts Mangel gelassen: wie er sich
denn auch dieses gütigen Bezeugens aufs beste
bediente, und sich alles vollkommen wohl
schmecken ließ, sich auch um seine Umstände
und den Ausgang seiner Sache nicht sehr zu
bekümmern schien. Was die Thaten, die
sowohl von ihm selber, als unter seinen
Auspiciis begangen worden, anbelangt, so
waren sie alle fast an der lichten Sonnen ge=
schehen, und also nicht zu läugnen; und da
sich über dieses unter denselben viele befan=
den, die als atrociora die minora absolvier=
ten, so konnte in diesem Punct die Schwie=
rigkeit des Processes nicht groß seyn. Meh=
rere Mühe machte die Untersuchung, wohin

Hiesel

Hiesel eine solche Menge Wildprätes , als er
mit seiner starker Cameradschaft geschossen,
gebracht, und an was vor Leute er dasselbe
verhandelt habe. Da nun sowohl der Regie=
rung als dem Publikum sehr viel daran liegt,
daß davon eine genaue Nachricht an das Ta=
geslicht komme, so wollen wir, weil wir hin=
länglich damit versehen, der Welt hiemit aufs
vollständigste dienen. Hiesel verkaufte dasselbe
an die Herren Caius, Mevius, Bavius,
Orbilius, Bufalus, Bufalinus und andere
männlichen und weiblichen Geschlechtes mehr,
und trieb diese Handelschaft, wie es die Ver=
nunft selbst an Handen giebt, da er sich über=
all, und bald da bald dort aufgehalten, in
verschiedenen Gebiethen, so wie er es auch in
verschiedenen Gebiethen geschossen. Jedoch
wurde es ihm eben nicht überall bestellt, oder
mit gutem Willen abgenommen, sondern er
mußte es den Leuten, wie ehemals die Schleich=
händler in Frankreich unter dem Mandrin ih=
ren Taback, mit Gewalt zu kaufen aufdrin=
gen. In welchem Falle er, sonderlich wenn
er eben nicht Zeit sich aufzuhalten hatte, und
auf der Flucht war, das Wildprät nur in die
Höfe und durch die Thüren eilfertig hinein
warf, und sich fortmachte, das Geld davor
aber zu einer gelegenen Zeit abholte. Da es
sich

ſich denn öfters fügen mußte, daß man wider
Willen zum Wildpräteſſen gezwungen wurde,
um Hieſeln nicht vor den Kopf zu ſtoſſen,
und einer üblen Bezeugung von ihm ſich auszu=
ſetzen. Dieſe ſeine Kundleute ſchonte Hieſel
in dem Verhöre ungemein, und war ſchwer
oder gar nicht dahin ſie zu benennen zu brin=
gen, ſo daß er es darinnen aufs äuſſerſte an=
kommen ließ. Da ſeine Verbrechen und Aus=
ſchweifungen übrigens, wie geſagt, meiſten=
theils ſo beſchaffen waren, daß ſie nicht ge=
läugnet werden konnten; ſo bemühete er ſich
dagegen aus allen Kräften, und mit ziemlichen
Scheingründen, die ihm ſeine gar gute natür=
liche Vernunft an Handen gab, zu beweiſen,
daß er ſie rechtmäßig verübet, oder wenigſtens
deßwegen in Betrachtung der Umſtände, un=
ter welchen ſie begangen worden, nicht vor
ſtrafwürdig anzuſehen ſey; und liefen ſeine
Vernunftſchlüſſe meiſtens dahinaus, daß das
Wild frey ſey, und niemanden zugehöre, folg=
lich einem jeden rechtmäßig zufalle, der ſich
deſſelben bemächtige: Da er nun in dieſem
ſeinem vermeynten natürlichen Rechte durch
die Jäger und Soldaten geſtöhret worden, ſo
wäre ihm das Recht der untadelichen Gegen=
und Schutzwehre billig zugekommen, und hät=
te er ſich, da er auf Leib und Leben angegrif=

K 4 ſen

fen worden, auf Leib und Leben ebenfalls vertheidigen müßen. Wie weit ihm aber diese
seine Vertheidigung geholfen, wird sich am
Ende weisen. Den größten Theil der Zeit seiner Gefangenschaft war er ziemlich ruhig, und,
wie es schien, nicht ohne einige Hofnung.
Allein, endlich fieng ihm sein Zustand selber
sehr mißlich an vorzukommen, so, daß er sich
in einigen Verhören verlauten ließ, er wäre
dem Tode so oft unter Augen gestanden und
glücklich entronnen, diesesmal aber würde
wohl vor ihn kein Entrinnen seyn. Nicht gar
zu rühmlich war es indessen vor ihn, als das
Haupt einer Bande, daß er jederzeit bey den
Verhören, wenn ihm etwas zur Last gelegt
werden wollte, dasselbe auf seine Gespane scho-
be, und, um die Schuld von sich abzulehnen,
sie destomehr zu beschweren suchte. Bey Con-
frontationen machte er es eben so, und legte
alles den andern zur Last, bis sie ihm solche
Dinge ins Gesicht sagten, daß er erstummen,
und alles einräumen mußte. Das einzige
Mittel etwas aus ihm heraus zu locken war,
ihn auf das Capitel der Herzhaftigkeit, und
eines tapfern Verhaltens in dieser oder jener
Sache zu bringen: da denn seine Zunge unvermerkt in Gang kam, und unbedacht schwaz-
te, was ihm nicht dienlich war. Sobald er
aber

aber zu merken begunte, daß er etwas zuweit
gegangen, so zog er eilends zurücke.

Was andere bey dieser Sache vorgegan-
gene Dinge, als das Entkommen des Buben,
seines Getreuesten, und des Sattlers nebst
andern Gefangenen aus dem Gefängnisse, be-
trift, so gehen wir dieses, als eine in die geheime Historie des Hiesels einschlagende und
nicht hieher gehörige Sache, als von welcher
wir keine Nachricht in forma probante haben, vorbey, und merken bloß an, daß es
diesen bösen Buben gelungen, einiger günsti-
ger Blicke des Glückes sich zu bedienen, und
sich dem schweren Schicksale ihres Meisters,
in welches sie mit verwickelt waren, und einen gleichen Ausgang mit ihm zu hoffen hatten, zu entziehen, damit man sehe, wie par-
theyisch das Verhängniß auch sogar bey Spitz-
buben handle.

Wir wenden uns also, ohne uns bey diesen Nebendingen weiter aufzuhalten, wieder
zu Hieseln, welcher, nachdem er sich bereits des
Lebens verwogen, kurz hernach sein Todesur-
theil zu vernehmen hatte. Er hörte dasselbe
mit vieler Gleichgültigkeit und Gelassenheit,
als eine ihn nicht angehende Sache, an; dank-
te dem Gerichte nach dem gewöhnlichen Ar-

Ķ 5   men-

menſünderſtyl für dieſe und alle andere Wohl-
thaten, und ſchloß endlich ſeine Abſchiedsre-
de, um ſich ſelbſt zu tröſten, mit der vor einen
ſolchen Menſchen, wie er war, und in ſeinen
Umſtänden nicht unebenen Anmerkung, daß
innerhalb fünfzig Jahren doch von ihnen allen
ſchwerlich mehr einer übrig ſeyn würde.

An dem peinlichen Gerichtstage ſelber a-
ber, da er vor das Rathhaus, um ſein Urtheil wieder anzuhören, herunter geführt wurde,
verließ ihn ſeine Großmüthigkeit ziemlich, in-
ſonderheit als er die vor ihn beſtimmte Schleife mit der Zurüſtung der Kuhhaut erblickte.
Nachdem er ſein Urtheil verleſen hören, ward
er in die Kuhhaut eingewickelt, und bis an
den Kopf, ſo, daß ihm bloß dieſer, und die
Hände mit dem Crucifix hervorſahen, eingebunden, und auf die Schleife geleget.

In dieſem traurigen Pompe gieng der
Zug vor die Stadt hinaus, und auf die daſelbſt errichtete bretterne Gerichtsbühne, unter
dem beſtändigen Zuſpruche ſeiner geiſtlichen
Begleiter zu. Als man daſelbſt angelangt,
ward er aus ſeiner Haut los gemacht. Er
erhub ſich ſodenn, gieng allein, und ganz
tapfer die hölzerne Treppe auf das Gerüſte
                                                    hinauf.

hinauf. Allein, bey Erblickung seiner Zer-
gliederungsmaschine, fieng seine Heldenmüthig-
keit wieder an zu wanken. Er erstarrete ganz
hierüber, und blieb mit gesenktem Haupte eine ziemliche Zeit davor unbeweglich stehen.
Endlich als sich ihm der Henker nahete, und
ihn angrif, schien es fast, als ob er sich
nicht in gutem zu diesem Spiele bequemen
würde, bis ihm zuletzt der Nachrichter zurief,
und ihm fortzumachen befahl, weil es Zeit
wäre. Da ihn denn zugleich die Henkersknech-
te ergriffen, und ihn mit Gewalt auf die
Radbrechmaschine hinsetzten. So fort ward
ihm der Strick um den Hals gelegt, und
durch ein Loch des Bodens unter die Bühne,
um ihn also zu erwürgen, geleitet; andere a-
ber befestigten ihm die Stricke um die Hände
und Füße. Sodenn wurde überall zugleich
angezogen.

Nachdem er erdrosselt worden, gieng sogleich das Zerschmettern der Arme und Bei-
ne mit dem Rad fast zugleich vor sich, wie
aus nebenstehender Vorstellung zu ersehen.

Als ihm alle Gebeine gebrochen waren,
ward der Cörper unter die Bühne, welche unten her mit Brettern verschlagen war, gebracht,

bracht, wo ihm der Kopf abgehauen, und der übrige Rumpf in vier Stücke zertheilet wurde. Der Kopf wurde auf den Dillingischen Galgen aufgesteckt, das Eingewaide aber unter denselben begraben, und nicht weit davon das obere rechte Viertel an einen Schnellgalgen aufgehängt. Das linke obere Viertel befindet sich zu Schwabmünchingen, das rechte Untere zu Oberndorf, nnd das nämliche linke bey Füßen.

An dem nämlichen Gerichtstage, der Hieseln so schrecklich war, erlitten auch zween seiner Cameraden ihre Straffe durch das Schwerdt, und hiermit war also die ganze Hieselische Armee samt ihrem Anführer entweder erleget, oder auf ihrer Flucht zerstreuet, ohne Hofnung jemals wieder zu ihrer fürchterlichen Größe zu gelangen.

Man hat inzwischen hiebey Gelegenheit genommen, das liegende Creutz, worauf der Delinquent gerädert worden, in Kupfer vorzustellen, nicht eben als ob man diese Maschine, um ihrer Erfindung wegen, als etwas Ausserordentliches der Welt vor Augen legen wollte; sondern daraus zu zeigen, was

vor

sen gebraucht worden.

a. Die St. Winden, womit man die Stricke an er erdroßelt worden. d. Lage deutraue. f. Die obere Theile derselbieeder abgestoßen worden.

um Fristung eines so nichtswürdigen Lebens,
wie

was außerordentliches der Welt vor legen

legen wollte; sondern daraus zu zeigen, was

vor

vor wunderliche Wege der unmenschliche
Witz, um sich von andern zu unterscheiden,
und etwas besonders zu haben, auch so gar
bey so traurigen und abscheulichen Gegenstän-
den einschlage: indem man fast bey jeder Rad-
brechung nach der Verschiedenheit der Orte,
und Zeiten, wo, und wenn eine solche Exe-
cution vorgegangen, eine andere Erfindung
wahrnimmt; so daß man siehet, daß das
Rädern eben sowohl der Mode unterworfen
ist, als wie das beständige Ab- und Zuneh-
men der Größe an den Hüten, und Haar-
beuteln, und der Länge an den Röcken und
Hosen.

So war das Ende des berüchtigten Hiesels beschaffen, ein Ende, welches er sich seinem guten Verstande nach nicht anderst
vorstellen können, und dessen Vorstellung
ihm beständig vor den Augen geschwebet, und
ihn, sonderlich bey dem Anwachse so vieler
Nachstellungen, die gegen die letzte auf ihn gemacht worden, in beständigen Aengsten und
Bangigkeiten gehalten haben muß. Daher
man sich billig verwundern sollte, wie er in
Osterzell mitten in der Hitze des Gefechtes
um Fristung eines so nichtswürdigen Lebens,
wie

wie das seinige war, und zwar zuerst vor al=
len andern fliehen können. Woraus denn
sattsam zu erkennen stehet, daß er bey allen
seinen Vermessenheiten von wahrem Muthe
sehr wenig, von Tapferkeit aber nichts beses=
sen; sondern alles auf das Gerathewohl ge=
waget, und durch den glücklichen Erfolg ei=
ner Uebelthat zu der andern kühne gemacht
worden. Wie denn seine Gesichtszüge zwar
etwas listiges und feines wiesen, im übrigen
aber völlig niederträchtig waren.

Endlich siehet man bey Hiesels Leben
und Ende die unergründliche und unabänder=
liche Wege des Verhängnisses bekräftiget,
und die Wahrheit des gemeinen Sprüchwor=
tes, "daß, wer an den Galgen gehöre,
„nicht ersauffen könne," bestätiget. Denn
da er, sonderlich in den letzten Jahren seines
Lebens, beständig vor seinen Feinden entwe=
der auf einer Flucht voller Gefährlichkeiten,
oder mit ihnen im Handgemenge, wo kein
Theil den andern schonte, begriffen war;
so konnte ihn doch der Tod nicht finden,
oder eine so glückliche Kugel treffen, wel=
che ihn einem schmählichen und erschreck=
lichen Tode entzogen hätte. Er mußte
viel=

vielmehr, als seine unglückseelige Stunde
kam, selber bitten, um ihn so lange zu
erhalten, bis er eine greuliche Todes-
straffe ausstehen, und zum öffentlichen Scheusale werden
konnte.

Grab=

Grabſchrift
des gevierteilten Bayriſchen Hieſels.

Eilt, Wandrer, nicht vorbey, bis ihr euch
auf den Straßen
Den dürren Ueberreſt von Hieſeln zeigen
laſſen!
Sein moderndes Gebein deckt weder Grab noch
Grufft:
Denn ſein Begräbniß iſt im Element der Luft.
Unſtät und hier und dort muß er, als wie im
Leben,
In dieſer hin und her auch nach dem Tode
ſchweben:
So daß er nicht einmal, wie jeder andrer Mann,
Bey der Vermoderung zum mindſten ruhen
fann.
Er war der Wälder Furcht, der Jäger ſteter
Schrecken.
Er jagte oft, und floh durch eben dieſe Hecken,

Schlief

Schlief meistens Sorgenvoll, wenn andere ge-
    wacht,

Und wachte, wenn die Welt geruhig schlief,
    bey Nacht.

Ein Hirsch, ein schnelles Reh, ein Schwein
    war seine Beute;

Doch die nicht eben nur, auch manchmal an-
    dre Leute.

Denn so gewissenhaft und bloß aufs Wild er-
    picht,

Daß er was bessers verschmähte, war er nicht:

Er schoß und traf sehr gut, auf was er immer
    zielte;

Dieß wars, was jedermann vor ihm in Furcht
    erhielte.

Deswegen war er fest, und wies die Kugeln
    ab,

Die man ihm oftermals auch zu versuchen gab.

Allein, wie fest er war, hat man in vierzehn
    Wunden,

Die man nach seinem Tod an ihm entdeckt,
    gefunden.

Der Trotz, den er besaß, und klüglich ange-
    wandt,

Bezauberte allein die Leute auf dem Land.

Niemand kam ihm sehr nah, (denn er ließ sich
nicht äffen)

Deswegen war er nun vornehmlich schwer zu
treffen,

Und traf ihn einer noch, der auch nicht übel
schoß,

So war der Schuß zu schwach, und schadete
nicht groß.

Kam es zum Handgemeng mit kriegerischen
Schaaren,

Die so gar grimmig nicht auf Blut und Mor-
ben waren,

So jagte er sie weg. Und stunden einge gut,

So schlug er sich durch sie mit seiner frechen
Brut.

Sein Hund, ein schrecklich Thier, mit seinem
breiten Rachen,

Den manche nur nicht gar zum Elephanten
machen,

Riß fürchterlich herum in der erschrocknen
Schaar,

Zerfleischte einige, und andre fraß er gar.

Wer hätte da, wenn er dieß Elend angesehen,

Wenn er nicht stehn gemußt, mit Willen wollen stehen.

Ein jeder scheuete so eines Wütrichs Hand,

Und sparete sein Blut vors liebe Vaterland.

Allein,

Allein, der Fürst befahl, den Fortgang
dieser Sachen

Einmal zu endigen und Hiesels Schluß zu machen.

Der wackre Schedel ward zu diesem Werk er-
kießt.

Das mächtge Losungswort dabey hieß: Fort!
Ihr müßt!

Der Hiesel ward also in Osterzell berücket,

Wie es sich in der That vor einen Schlingel
schicket:

Er hob die Wachten auf, so bald die Nacht
vorbey,

Als obs vor ihn am Tag vollkommen sicher
sey.

Da wehrte er sich zwar, als er zurück gewichen,

Mit seiner Bande noch aus der verschloßnen
Küchen.

Allein, was half ihm dieß? Da er einmal im
Haus.

Und in der Enge war, war alles vor ihn
aus.

Er endigte also sein langes Widerstreben,

Kroch jämmerlich herzu, und flehte um sein
Leben,

Und bot dem Strick die Hand, die so berüch-
tigt war,

Und so viel Thaten that, zum Binden zitternd
bar.

Sein übriges Gefolg, das eben dieß erlitten,

Warf man sodenn nebst ihm auf einen Kälber-
schlitten.

Im langsamen Triumph, bis alles hier und
dort

Zum Sehn zusammenlief, zog man mit ihnen
fort.

Nunmehr giengs allgemach mit Hieseln
auf die Reige,

Der Jägertrotzer ward kleinmüthig, still und
feige.

Er beichtete nunmehr, und tanzte, wie man
pfif:

Denn er begrif ganz leicht, daß es nun anderst
lief.

Des Kerkers Traurigkeit benahm ihm Muth
und Galle.

Er saß, wie eine Maus, nachdenklich in der Falle.

Und gieng, doch nein, er fuhr; doch nein, er
fuhr auch nicht,

(Man schleifte ihn vielmehr hinaus) zu dem
Gericht.

Wie

Wie es ihm da ergieng, hat er sehr wohl empfunden ——

Allein, er hat nunmehr sein Urtheil überwunden.

Rückt es ihm nicht mehr auf, und spiegelt euch
dafür

An seinen in der Luft erschwarzten Gliedern
hier!

Denkt, wenn man euch etwa von Schweinen,
Rehen, Hirschen,

Ein solches Viertheil bringt, das Wildprätschü-
tzen pürschen,

Daß es vom Hiesel sey ; so weicht der Appe-
tit,

Und statt des Unterschleifs, jagt ihr sie fort
damit!

Verzeichniß derjenigen Bücher und Kupfer, welche bey Jac. Andr. Friedrich, Kupferstecher und Kunstverleger herausgekommen und zu haben:

Abbildung und Beschreibung aller hohen Ritter - Orden in Europa, mit Kupfern, dritte Auflage, 12. 1772. 2. fl. 30. kr.

Derselben erste Fortsetzung, mit Kupfern, 1772. 1. fl.

Albrechts, Joh. Christ. Muster einer ganz neuen, schönen und regelmäßigen Schreibart durch das ganze Alphabet, in Fractur, Canzley und Current, und mit vielen veränderten Zügen bestehend, in Quer fol. 1. fl. 30. kr.

Desselben 850. Variationes von Zier Fractur-Buchstaben mit zwey Universal-Alphabet, in fl. Quer fol. 1. fl. 30. kr.

Desselben Elementa Calligraphiæ, d. i. Anfangsgründe der Kunst schön zu schreiben, in vier Theilen, in Quer 4. 1. fl. 30. kr.

Apothecker, eine aus gebundenen und ungebundenen Abhandlungen bestehende und mit Kupfern gezierte Wochenschrift, gr. 8. 1763. 3. fl.

Beuthers, J. C. Getraid-Maaß Vergleichungs-Tabelle der vornehmsten Städte in Europa, 8. 1772. 8. kr.

Bücherschrank, D. Eustach. Entwurf einer noch nie gesehenen Bibliothec, gr. 8. Jopphausen, 1777. 4. kr.

de

de l'Esprit, Mad. Rechtfertigung vor das Caffee und Tabackliebende Frauenzimmer, 8. 1770. 10. kr.

Ehrengedächtniß der römischen Königswahl und Krönung Josephs des Zweyten, mit Kupfern, 12. 1765. 1. fl.

Fäsch, Georg Rudolph, des größesten Meisters in der Kriegskunst Anweisung den Krieg mit Vortheil zu führen, nebst kurzen Grundsätzen für die leichte Völker, zweyte Auflage, 8. 1772. 1. fl. 30. kr.

Gutermanns, G. Fr. Bedenken über verunglückte Geburten, und wie die ächte Entbindungskunst zu behandeln, 2 Th. 8. 1761. 1. fl. 30. kr.

——————— Unterricht von äußerlichen und chirurgischen Arzneymitteln, 8. 1761. 15. kr.

Geschichte zweyer berüchtigten Straßenräuber Johann Scheppard eines Engelländers, und Ludwig Dom. Cartouche eines Franzosen, m. K. vierte Auflage, 8. 1770. 15. kr.

——————— des gegenwärtigen Polnischen Krieges von seinem Anfang bis auf den gewaltsamen Königsraub, m. K. 8. 1772. 24. kr.

Kreutzweg JEsu Christi, m. K. 8. 15. kr.

Leben und Ende des berüchtigten Anführers einer Wildschützenbande, Matthias Klostermayrs, oder des sogenannten Bayerischen Hiesels, aus gerichtlichen Urkunden gezogen, und mit genau nach den Umständen jeder Begebenheit gezeichneten Kupf. gezieret, 8. 1772. 24. kr.

Ovids Verwandlungen, aus dem Lateinischen übersetzt von J. B. Sedlezki, 15. Bücher m. K. 8. 1764. 2. fl. 30. kr.

Seifarts, Joh. Frieb. Geschichte des seit 1756. in Deutschland geführten Krieges mit Plans, 6. Theile in 14. Abtheilungen, 4. 1758 —— 1765. 24. fl.

Kupferstiche.

Portrait Sr. jetzt regierenden Pähstl. Heiligkeit Clemens XIV. in gr. 8. 6. fr.

—————— Sr. Maj. des jetzt regierenden Königs in Preussen, gr. 8. 6. fr.

—————— —————— des jetzt regierenden Königs in Pohlen, 8. 6. fr.

—————— von verschiedenen hohen Häuptern und großen Herren in verschiedenen Preisen.

Theatre de la Guerre de 1756. jusqu'a 1763. en 84. Plans, 6. fl.

Ein bequemer Sack-Calender mit Kupfern auf das Jahr 1772. unter dem Titul: Wer seinen Sorgen Gränzen setzt, wird durch Zufriedenheit ergötzt. à 20. fr. wird alle Jahr continuirt.

Ferner sind auch verschiedene geistl. und weltliche Bilder in billigem Preis zu haben.